왜
조선시대 여성은
재혼을 하지
못했을까?

교과서 속 역사 이야기, 법정에 서다

27
역사공화국
한국사법정

왜 함양 박씨 vs 성종
조선시대 여성은
재혼을 하지
못했을까?

글 정성희 | 그림 황기홍

경국대전

열녀

|주|자음과모음

몇 년 전 큰 화제를 몰고 온 〈추노〉라는 드라마가 있었습니다. 도망간 노비들을 끝까지 추적하여 다시 잡아 온다는 설정은, 아무리 드라마라고 하여도 조선 시대의 신분제가 얼마나 잔인했는지 알 수 있게 해 주었습니다. 신분제는 사람을 양반, 중인, 평민, 노비로 구분하여 대우하였고, 이로 인해 아무리 재주가 많고 똑똑한 사람도 신분이라는 굴레에서 벗어날 수 없었습니다.

신분제 외에도 여성은 남성과 달리 여러 가지 면에서 차별을 받았습니다. 사회 활동에 제약이 있었던 것은 물론이고 외출도 자유롭지 못했으며 재산 상속에서도 불이익을 받았습니다. 그중에서도 가장 여성들을 억압했던 것은 정절을 요구했던 유교 이념이었습니다. 특히 『경국대전』을 완성하여 유교적인 통치 체제를 확립한 성종은

'재혼한 여자의 자손에게는 벼슬을 주지 말라'는 양반 남성을 위한 법을 만들어서 여성을 억압했습니다. 이 법으로 인해 재혼한 여성의 자식은 아무리 머리가 영리해도 벼슬길에 오를 수가 없었지요. 결국 수많은 여성들이 자식을 위해 자신의 삶을 버려야 했고 심지어 목숨까지 끊어 열녀가 되기를 강요받았습니다.

연암 박지원은 이러한 조선 사회의 모순을 고발하고자 『열녀함양박씨전』이라는 전기를 썼습니다. 자식의 출세를 위해 평생을 외롭게 살아야 했던 늙은 과부의 애절한 사연과 죽은 남편을 따라 자결한 젊은 과부 함양 박씨의 이야기를 기둥 줄거리로 하고 있습니다. 역사공화국 한국사법정에서는 이 열녀전의 주인공인 함양 박씨가 열녀들을 대표하여 재혼 금지법을 만든 성종에게 소송을 제기합니다.

재혼 금지법은 1894년에 사라졌지만 현대에 와서도 차별은 여전했습니다. 왜냐하면 남성과 달리 여성은 곧바로 재혼할 수 없도록 6개월이라는 재혼 금지 기간을 규정하였기 때문입니다. 여성이 임신했을 경우를 대비하여 태중에 있는 아이의 아버지를 판별하기 위함이었던 이 법에 의하면, 재혼 금지 기간을 어기고 재혼하였을 때 그 혼인이 무효가 될 수도 있었습니다. 이는 여성에 대한 차별적인 규정이라 하여 2005년에 폐지되었으나, 여성의 재혼에 대한 부정적인 인식은 여전히 남아 있습니다.

흔히 세상의 반은 남자이고 그 나머지 반은 여자라고 하지만, 지나온 역사를 살펴보면 여성이 남성과 동등한 지위를 가졌던 시기는 별로 없습니다. 특히 여자가 남자에게 무조건 순종해야 한다는 생각

왜 조선 시대 여성은 재혼을 하지 못했을까?

은 꽤 오랫동안 지속되었지요. 이는 모두 조선 시대의 유교적 이념에 의해 만들어진 것입니다. 역사적으로 볼 때 근대 사회는 양성 평등이 시작된 사회라고 해도 과언이 아닙니다. 교육을 받지 못했던 여성들이 교육을 받고, 사회 활동이 단절되었던 여성들이 사회 활동을 하게 되면서 제 목소리를 내기 시작했지요. 이제는 여성이나 남성 어느 한쪽이 우월한 사회가 아니라 남녀 모두 동반자로서 평등한 사회가 되어야 할 것입니다.

여러분이 이 책을 다 읽을 때쯤이면 여성에 대한 차별적인 문화가 어떻게 시작된 것인지 확실하게 알 수 있을 것입니다. 이번 기회를 통해서 여성에 대한 잘못된 편견을 버릴 수 있기를 바랍니다.

정성희

차례

조선을 세운 사대부들은 성리학을 중시
하였다. 성리학의 이념과 이론에 따라
덕치주의를 내세워 유교적 이상 정치를
실현하고자 하였으며 일반 백성들의 생
활에도 유교 예속을 많이 권장하였다.

중학교   역사

VI. 조선의 성립과 발전
  1. 조선의 성립
    (1) 성리학의 나라를 세우다
    (2) 사림 세력이 권력을 잡다

성리학은 조선 사회에 커다란 영향을 끼쳤다.
『성종실록』에 따르면 "세상의 도가 날로 비속해
지면서 부인의 덕이 부정하여, 사족의 여자가 예
를 돌보지 않고, 혹은 부모가 뜻을 빼앗기도 하
고, 혹은 스스로 중매하여 사람을 따르니, 스스
로 집안의 풍속을 무너뜨릴 뿐"이라고 하였다.
그래서 재혼한 여자의 자손은 사족의 명분에 나
란히 하지 않는다고 명시하고 있다.

사람들은 성리학적 명분론이 구현되는 조선 사회를 건설하고자 하였다. 그래서 임금과 신하, 부모와 자식, 지아비와 지어미, 주인과 노비, 양반과 상민, 지주와 전호, 중화와 오랑캐 사이에는 각자 지켜야 할 사회적 분수가 있다고 여겼다.

| 고등학교 | 한국사 | Ⅱ. 고려와 조선의 성립과 발전
  2. 유교 정치의 이상을 꽃피운 조선
    (3) 민족 문화가 크게 발전하다 |

성리학적 명분론은 조선의 사회 질서에 뿌리 깊이 관여하여 양반 중심의 신분제와 남성 및 장남 중심의 가부장적 가족 제도 등이 형성되는 데 근거가 되었다. 의리와 명분이 강조되면서 개인에게는 충, 효, 열이 절대적 가치가 되었다.

1389년	공양왕 원년, 귀족 부인은 남편이 죽은 뒤 3년간 재혼할 수 없다고 규정
1392년	고려 멸망, 조선 건국
1431년	『태종실록』 완성
1432년	『삼강행실도』 편찬
1441년	측우기 제작
1443년	훈민정음 창제
1446년	훈민정음 반포
1469년	성종 즉위
1475년	『내훈』 편찬
1477년	부녀자 재혼 금지 논의
1485년	『경국대전』 완성
1510년	3포 왜란
1592년	임진왜란(~1598)
1627년	정묘호란
1636년	병자호란
1793년	박지원,『열녀함양박씨전』

1429년	잔 다르크, 영국군 격파
1433년	명과 일본, 정식 외교 관계 수립
1450년	구텐베르크, 활판 인쇄술 발명
1453년	비잔티움 제국 멸망
1492년	콜럼버스, 아메리카 항로 발견
1517년	루터의 종교 개혁
1536년	칼뱅의 종교 개혁
1642년	영국, 청교도 혁명(~1649)
1688년	영국, 명예혁명
1776년	미국, 독립 선언
1789년	프랑스 혁명, 인권 선언

원고 **함양 박씨(1771년~1794년)**

나는 경상남도 안의 출신의 열녀로 실학자 연암 박지원이 쓴 『열녀함양박씨전』으로 유명해졌지요. 남편이 일찍 죽자 3년상을 치른 뒤 자결하였습니다. 당시에는 어쩔 수 없이 선택한 일이지만, 이제는 당당히 열녀 표창을 반환하겠어요.

원고 측 변호사 **오자유**

나는 역사공화국의 유명한 여자 변호사 오자유입니다. 내 이름처럼 여성들에게 자유를 찾아 주기 위해 최선을 다하겠습니다.

원고 측 증인 **조씨 부인**

나는 조선 제9대 왕 성종 때 재혼을 했다가 나의 재산을 노린 동생이 고발하는 바람에 재혼 무효 판정을 받았습니다. 조선 시대는 여자들이 살기에 너무 힘들었어요.

원고 측 증인 **세자빈 봉씨**

나는 조선 제4대 왕 세종의 며느리이자 그의 아들 문종의 세자 시절 부인이었습니다. 문종은 나에게 눈길도 주지 않고 늘 책만 읽었고, 나는 너무 외로웠습니다. 그래서 속상한 마음에 마음대로 행동했더니 궁궐에서 쫓아내더군요.

원고 측 증인 **박지원**

내가 『열녀함양박씨전』을 쓴 것은 조선 시대에 기구하고 불쌍한 열녀들이 너무 많이 나왔기 때문입니다. 남자 중심의 사회에서 여자들이 너무 많은 희생을 강요당했다고 생각합니다.

원고 측 증인 **향랑**

나는 조선 제19대 왕 숙종 때 열녀로 칭송받은 향랑입니다. 국가 대표 열녀였죠. 많은 사람들이 내가 절개를 지키고자 자결했다고 믿지만, 사실은 남편의 학대 끝에 시댁에서 쫓겨나고도 재혼할 수 없는 상황이 괴로워서 죽은 거예요.

피고 성종(1457년~1494년, 재위: 1469년~1494년)

나 성종은 조선 제9대 왕으로 조선을 유교 국가
의 반열에 올린 주인공이오. 백성에게 유교의 윤
리와 도덕을 가르치도록 하였으며, 여자들이 재
혼하는 나쁜 풍속도 없애 버렸다오.

피고 측 변호사 이대로

나는 역사공화국의 변호사 이대로입니다. 조선이
라는 나라를 지탱해 온 가족 제도와 그 바탕이 된
유교 사상에 대해서 강력하게 지지합니다.

흔히 조선을 송시열의 나라라고 하지 않습니까?
그만큼 내가 조선에 끼친 영향은 실로 막대하지
요. 조선을 유교의 나라로 세우는 일에 공헌한 사
람으로서 이번 소송은 영 마음에 들지 않습니다.

나는 조선 제21대 왕 영조의 딸입니다. 왕녀로서
열녀문을 받은 유일한 여자이지요. 남편을 너무
사랑하여 그가 죽은 지 14일 만에 그 뒤를 따르게
되었답니다.

나는 역사공화국의 공명정대한 판사, 공정한입니
다. 내가 할 일은 오직 역사의 진실을 밝히고 억
울한 영혼들의 한을 풀어 주는 것이지요.

"열녀문이 가문의 영광이라고요?"

여기는 영혼들의 나라 역사공화국.

자태가 고운 한 여인이 눈물을 훔치며 오자유 변호사의 사무실을 나서고 있었다. 오자유 변호사는 안타까운 눈빛으로 여인의 뒷모습이 시야에서 사라질 때까지 한참을 서서 지켜보았다.

다시 사무실로 들어온 그는 긴 한숨을 쉬며 중얼거렸다.

"이렇게 슬픈 사연은 정말 오랜만에 들어 보는군. 이번 재판은 내가 꼭 나서야겠어."

오자유 변호사는 책상 위에 있던 전화기를 들어서 나공주 비서에게 전화를 걸었다. 마침 쇼핑을 즐기고 있던 나공주 비서가 귀찮다는 목소리로 전화를 받자, 오자유 변호사는 조금 흥분한 듯한 목소리로 말했다.

"좀 전에 함양 박씨라는 여성이 날 찾아왔어."

"함양 박씨가 누군데요?"

"연암 박지원 선생이 쓴 『열녀함양박씨전』으로 유명해진 인물이야."

"이름을 부르지 않고 성씨만 부르니 이상한데요."

"맞아. 조선 시대 여자들은 이름이 남아 있지 않아. 그냥 함양 박씨, 청풍 김씨, 뭐 이렇게 성씨만 부르거나, 신사임당처럼 당호를 붙이거나 둘 중 하나였어. 요즘도 여자들이 결혼하고 나면 이름 대신 '개똥이 엄마', '영숙이 엄마' 이렇게 불리기도 하잖아. 같은 맥락인 거지."

오자유 변호사는 답답하다는 듯이 크게 한숨을 내쉰 뒤 다시 말을 이어 나갔다.

"함양 박씨를 만나 보니 마음도 곱고 참 좋은 분이더라고. 그런 분이 갑자기 나에게 소장을 내밀며 왕을 상대로 소송을 하겠대. 항상 고분고분 남의 말만 따르는 분인 줄 알았는데 의외로 강단이 있더군."

"그렇네요. 왕을 상대로 소송을 하다니…… 도대체 무슨 이유인지 궁금하네요."

"이분 말이, 자기는 남편이 죽은 뒤에 그를 따라 자결했는데 너무 바보 같았다는 거야. 결혼한 지 반년이 안 되어 남편이 병으로 죽자, 3년 동안 상제로 지낸 뒤 남편 제삿날에 스스로 목숨을 끊었대. 그때 나이가 스물두 살이었어. 한참 좋을 나이인데 말이야. 흑흑!"

오자유 변호사가 훌쩍거리며 대답하자 나공주 비서가 깜짝 놀라며 물었다.

"아니, 지금 우시는 거예요?"

"그분의 사연이 눈물 없이는 들을 수 없었다니까. 내가 웬만한 일에는 눈물을 안 보이는 거 자네도 잘 알지? 그런데 글쎄, 나도 모르게 울고 있더라고."

"변호사님이 이렇게 여린 분인 줄 몰랐습니다. 제가 월급 좀 올려 달라고 할 때는 그렇게 화를 내시더니…… 흠흠."

"쓸데없는 소리 하지 말고 끝까지 잘 들어 봐. 함양 박씨의 말로는 당시의 사회 분위기가 남편을 따라 자결하도록 되어 있었다는 거야.

그래서 그런 사회를 만드는 데 일조한 왕을 상대로 소송을 하겠다는 거지. 대단한 여성이야. 내가 정말 열심히 도와줘야겠어."

"그런 사연이라면 변호사님이 딱이잖아요."

"요즘 영혼 세계도 남녀평등이 실현되어 여자들이 차별받는 세상은 일찌감치 사라지고 없어. 그런데도 이제 막 영혼 세계에 들어온 남자들 중에는 아직도 정신 못 차리고, 남자는 하늘이니 여자는 남편의 말을 무조건 따라야 된다느니 하면서 여성 차별 발언을 일삼고 있지. 암탉이 울면 집안이 망한다나 어쩐다나. 난 그런 말 처음 들어 보네. 암탉이 울면 알을 낳지, 왜 집안이 망해? 이 기회에 인간은 모두 평등하다는 것을 알려 줘야 해. 물론 상대가 조선 제9대 왕 성종이라 만만치는 않겠지만."

"철저하게 준비해야겠는데요."

"물론이지. 그래서 지금 내가 나 비서한테 전화한 것 아닌가. 당장 조선 시대 여성의 지위와 당시의 사회적 분위기에 대한 자료를 충분히 조사하도록 해. 나는 성종 임금과 관련된 자료를 찾아볼 테니까."

"네, 알겠습니다. 그나저나 이번 소송 이기면 월급 좀 올려 주실 건가요?"

"만날 월급 타령만 하지 말고 쇼핑하는 돈이나 좀 줄이라고!"

"참 나, 알겠습니다. 어쨌든 지금 당장 자료를 찾아서 사무실로 들어갈게요. 저도 이번 소송은 꼭 이기고 싶네요."

"그럼, 그래야지. 이번 기회에 법은 만인 앞에 평등하다는 것을 알려 주고 말 거야. 내 이름값을 해야지!"

조선에서 여인으로 살아가기

　고려 시대에는 남녀 차별이 심하지 않았다고 합니다. 호적도 남자를 먼저 쓰는 것이 아니라 성별에 관계없이 태어난 순서대로 썼고, 제사도 장남만이 아니라 모든 형제가 번갈아 가며 지냈지요. 그리고 여성의 개가가 크게 흉이 되지 않았습니다. 반면 조선 시대에는 유교를 국교로 받아들이면서 남자의 신분이 높아지게 됩니다. 처첩제가 가능해져서 남자들은 2~3명까지 첩을 둘 수 있었지만 여자는 남편이 죽어도 다시 결혼을 할 수 없었지요.

　조선 시대 사회 분위기가 이렇게 되다 보니, "열녀는 두 남자를 섬기지 않는다"는 제나라 사람의 말에 조선 사람들은 박수를 쳤습니다. 또한 조선의 법전인 『경국대전』에는 "재혼한 여자의 자손은 과거 시험에 응시할 수 없다"는 규정을 남길 정도였지요. 그래서 조선 시대의 여인은 한 남자와 혼인하여 순종하고 섬기며 살아야 했습니다. 심지어 남편이 먼저 죽으면 남편을 따라 목숨을 끊어야 '열녀'라 부르며 나라에서 열녀문을 세워 주기도 하였지요. 귀천을 막론하고 너나없이 수절을 강요당했던 것입니다.

　이런 시대에 실학자였던 박지원이 쓴 소설이 바로 『열녀함양박씨전』입니다. 『열녀함양박씨전』은 박지원이 안의 현감으로 있을 때 절개를 지키기 위해 자결한 한 여성의 죽음에 대해 느낀 바가 있어 쓴 소설로, 당시 사회를 풍자하는 의도가 반영되어 있습니다. 소설에는 한 늙은 과부가 눈물겨운 노력으로 평생 수절한 이야기와, 한 젊은 과부가 남편의 3년상을 치르고 난 뒤 남편을 따라 목숨을 끊은 이야기가 등장합니다. 당시 여성들에게 강요된 윤리의 부당성을 고발하고 있습니다. 특히 서문에서는 귀천을 막론하고 과부들에게 수절을 강요하는 당대 사회의 풍속을 개탄하면서 과부의 개가를 금지시킨 사회 제도에 대해 비판하고 있습니다.

『열녀함양박씨전』을 쓴 연암 박지원

원고 | 함양 박씨	대리인 | 오자유 변호사
피고 | 성종	대리인 | 이대로 변호사

청구 내용

나는 경상남도 안의에 사는 박상일의 딸로 흔히 열녀 함양 박씨라고 불립니다. 어린 나이에 함양으로 시집갔다가 일찍 과부가 되었습니다. 남편이 죽은 뒤 시부모님을 극진히 모시며 3년 동안 집안일을 도맡아 하고 남편 제사를 지냈습니다. 남편의 3년상이 끝나자 나는 내 도리를 다했다고 생각하고 독약을 먹어 목숨을 끊었지요.

당시에 안의 현감으로 있던 연암 박지원이라는 선비는 내가 죽은 소식을 듣고 『열녀함양박씨전』이라는 글을 썼습니다. 이로 인해 내 사연은 세상에 널리 알려지게 되었고 사람들은 나를 조선 제일의 열녀로 기억하고 있습니다.

하지만 내가 꽃다운 나이에 왜 스스로 목숨을 끊어야 했을까요? 바로 '여성은 열녀가 되어야 한다'는 유교 윤리가 여성들의 자유를 억압했기 때문입니다. 당시에는 남편이 죽은 뒤 재혼하지 않는 것은 당연한 일이었고, 목숨을 끊어야만 열녀라는 소리를 들을 수 있었습니다. 그래서 나는 남편이 죽으면 그를 따라 죽는 것이 정말 명예롭고 당연한 줄로 알았습니다. 그러나 여기 역사공화국에 와서 내가 정말 바보처럼 귀한 목숨을 끊었다는 사실을 깨닫게 되었습니다. 조선 시대의 유교 윤리와 국가의 법이 나를 이렇게 만들었다는 사실을 알게 된 것이지요.

이러한 법을 만든 이가 바로 성종입니다. 나는 이 소송을 통해 조선 시대 여성들이 얼마나 잘못된 생각에 억압당하며 살아왔는지를 한국사법정에서 낱낱이 밝히고자 합니다. 많은 여성들을 외롭게 만들고 불행한 삶을 살게 한 원인이 무엇이었는지 모두가 알아야 합니다.

나에게 씌워진 열녀라는 칭호가 결코 자랑스러운 일이 아니었음을 알리고, 재혼을 금지하고 열녀를 만들어 낸 성종의 생각은 어떤 문제가 있는 것인지 한국사법정에서 공정한 평가를 내려 주시기 바랍니다.

입증 자료

- 중학교 역사 교과서
- 고등학교 한국사 교과서
  그 외 자료 추후 제출하겠음.

위 청구인 함양 박씨
역사공화국 한국사법정 귀중

함양 박씨는
왜 열녀가 되었을까?

1. 함양 박씨는 누구일까?
2. 성종은 왜 여자들의 재혼을 금지했을까?
3. 열녀문은 과연 가문의 영광이었을까?

1

함양 박씨는
누구일까?

"자네, 이번 재판에 대해서 들었나?"

"물론이지. 조선의 제9대 왕인 성종이 일반 백성에게 소송을 당했다는데 어떻게 모를 수가 있겠어!"

"도대체 어떤 사연이 있길래 감히 왕을 상대로 소송을 낼 생각을 했을까?"

"그러게 말이야. 그것도 남자가 아닌 여자의 몸으로 그런 결정을 내리다니, 조선 시대였다면 상상도 못했을 일 아닌가?"

"맞아. 세상이 정말 많이 변하긴 변했어. 이번 소송을 도우려고 수많은 여성들이 서명 운동까지 했다더라고."

"열녀 중의 열녀로 이름난 함양 박씨가 꽤나 억울한 사연이 있나 보네."

"이상하군. 그런 일이면 남편을 찾아갔어야지, 왜 애꿎은 왕한테 소송을 걸었을까?"

방청객들이 저마다 한마디씩 하면서 법정 안으로 들어왔다. 다른 때보다 유난히 여성 방청객이 많았고, 그중에는 남편 없이 혼자 아이를 데리고 온 여성들도 눈에 띄었다. 그때 단아한 모습의 함양 박씨가 오자유 변호사와 함께 법정 안으로 들어왔다. 방청객의 눈이 일제히 함양 박씨에게 향했고, 저마다 수군거리기 시작했다.

"저 사람이 함양 박씨야? 표정이 어쩜 저렇게 슬퍼 보일까?"

"빨리 사연이나 들어 봤으면 좋겠네."

"자, 모두 조용히 해 주시기 바랍니다. 지금 판사님이 들어오십니다."

판사가 법정 한가운데에 있는 높은 의자에 앉자 방청석은 곧 조용해졌다. 방청석을 천천히 둘러보던 판사는 원고석과 피고석을 번갈아 살펴보았다. 잠시 침묵이 흐른 뒤, 판사가 소장을 훑어보며 입을 열었다.

판사 　자, 지금부터 원고 함양 박씨가 피고 성종을 상대로 제기한 소송의 재판을 시작하겠습니다. 원고 측 변호인이 먼저 사건에 대해 간단히 소개해 주시기 바랍니다.

오자유 변호사 　네. 이번 사건은 조선의 열녀 함양 박씨가 조선의 제9대 임금인 성종을 상대로 낸 '열녀 표창 반환 소송'입니다.

오자유 변호사의 말이 끝나자마자 방청석이 술렁거렸다.

중매
결혼이 이루어지도록 중간에서
소개하는 일이에요.

"아니, 그 명예로운 표창을 왜 반환한다는 거야?"

"그러게. 열녀 표창을 받았다면 가문의 영광 아닌가?"

오자유 변호사는 고개를 돌려 방청석을 한번 둘러보고는 다시 말을 이어 나갔다.

오자유 변호사　원고 함양 박씨는 지금의 경상남도 안의면 출신으로 일찍 부모님을 여의고 할아버지와 할머니 밑에서 자랐습니다. 그러다가 열아홉의 나이에 함양에 사는 임술증이라는 사내에게로 시집을 갔지요.

판사　원고와 임술증은 혼인 전부터 알고 지낸 사이였나요?

오자유 변호사　아닙니다. 조선이라는 나라에서는 연애가 금지된 터라 요샛말로 연애 결혼은 생각할 수도 없었지요. 거의 모든 사람들이 중매라는 절차를 거쳐서 혼인을 해야 했어요. 따라서 상대를 본인 스스로 선택할 수 없었고, 부모님이 짝지어 준 사람과 혼인할 수밖에 없었습니다. 이러한 이유로 원고 함양 박씨는 남편의 얼굴도 보지 못하고 시집을 가게 되었습니다.

이대로 변호사　그거야 당시의 법도가 그러했으니 어쩔 수 없는 것 아닙니까?

오자유 변호사　문제는 그것이 아닙니다. 결혼 전부터 큰 병이 있었던 원고의 남편 임술증은 혼인한 지 반년도 못 되어서 결국 죽고 말았습니다. 그러자 남편의 장례를 극진히 지내고 3년상까지 치른 원고는 남편이 죽은 지 3년이 되던 날에 스스로 목숨을 끊었습니다. 어

왜 조선 시대 여성은 재혼을 하지 못했을까?

린 나이에 과부의 몸으로 살아가기엔 주변의 무성한 소문을 감당할 자신이 없었기 때문이었죠.

판사 원고는 결혼 전에 남편 될 사람이 큰 병이 있다는 사실을 몰랐던 것입니까?

오자유 변호사 아닙니다. 비록 남편의 얼굴을 미리 보지는 못하였지만 원고는 그 사실을 이미 알고 있었습니다. 혼인하기 전에 원고의 할아버지가 임술증을 찾아갔는데 그의 모습이 거의 죽은 사람과 같았다고 합니다. 이에 놀란 할아버지는 원고에게 이 소식을 전하며 원하지 않으면 굳이 혼인하지 않아도 된다고 하였지요. 하지만 원고 함양 박씨는 한번 약속한 것이면 반드시 지켜야 된다고 생각하였기 때문에 병든 임술증에게 시집간 것입니다.

이대로 변호사 그건 원고가 할아버지의 말을 듣지 않았기 때문에 발생한 일 아닌가요?

오자유 변호사 원고가 굳이 혼인을 하고자 했던 것은 좀 전에도 말씀드렸듯이 약속을 지키고자 하는 굳은 의지에서 비롯된 것입니다. 이는 여성에게 지조 있는 성품을 강요했던 당시의 사회 분위기 때문이기도 했지요. 그래서 원고는 보지도 않은 신랑의 옷을 만들어 놓았으며, 이렇게 신랑의 옷을 만든 것 자체로 이미 혼인한 사이나 마찬가지라고 생각한 것입니다.

"본인이 선택한 일인데 이제 와서 누굴 원망하는 거야?"
"무슨 사연이 있겠지요. 뭐라고 하는지 좀 들어 보자고요"

왜 조선 시대 여성은 재혼을 하지 못했을까?

뒷자리에 앉은 몇몇 방청객들이 심드렁한 표정으로 이야기하자, 앞자리에 앉아 있던 한 여자가 뒤를 돌아보며 못마땅하다는 듯이 쏘아붙였다.

판사　방청석에 계신 분들은 재판이 끝날 때까지 조용히 해 주십시오. 원고 측 변호인에게 다시 묻겠습니다. 원고 함양 박씨가 열녀 칭호를 반환하겠다는 것은 무슨 이유에서인가요?

오자유 변호사　그건 원고가 열녀라는 칭호에 대해서 다시 생각하

수절
여자로서 지조를 지키고 의리를
지키는 일을 말하는데, 조선 시
대에는 남편이 죽은 후 평생을 혼
자 지내는 여성들이 많았습니다.

이데올로기
개인의 생각과 행동, 생활 방법
을 제약하고 있는 의식의 체계를
말하며 이념이라고 부르기도 합
니다.

게 되었기 때문입니다. 열녀에 관한 내용은 앞으로 있을 재판에서 자세히 다루기로 하고, 지금은 소송 이유에 대해서만 간단히 설명하겠습니다.

이번 소송에서 가장 중요한 문제는 조선 시대 여성들이 원고처럼 어린 나이에 자식 하나 없이 과부가 되었어도 재혼을 할 수 없었다는 데 있습니다. 남편이 죽은 후에 재혼하지 않는 것은 당연한 일이었고, 그렇게 평생을 수절했다고 해서 인정받는 것도 아니었어요. 스스로 목숨을 끊어서 열녀가 되어야 칭송받을 수 있었지요. 재혼도 하지 못하고, 열녀가 되어야 한다는 이중의 고통 속에서 살아야 하는 실정이었어요.

판사 그렇다면 원고가 조선 시대의 열녀 이데올로기의 희생자였다는 말씀이군요.

오자유 변호사 맞습니다, 판사님. 이번 소송을 통해서 조선 시대의 여성들이 재혼하지 못하고 열녀가 되고자 목숨을 버려야만 했던 이유에 대해서 낱낱이 밝히겠습니다.

판사 좋습니다. 그럼 이번에는 피고 측 변호인이 발언하시기 바랍니다.

이대로 변호사 네. 일단 이번 소송에서 원고 함양 박씨의 주장이 얼마나 터무니없는 것인지를 언급하고 싶습니다. 임술증과의 혼인은 순전히 본인의 선택이었습니다. 원고의 집안에서도 굳이 추진할 필요가 없다며 말리기까지 한 혼인이고요. 그런데 이제 와서 남을 원망하는 것은 이치에 맞지 않다고 생각합니다. 게다가 원고는 조선 시대의 대표적인 열녀로 칭송받아 왔고 그녀의 아름다운 선택은 지금까지도 **미담**이 되고 있습니다. 그런데 왜 이런 소송을 제기했는지 이해할 수가 없습니다. 이건 원고 측의 억지입니다.

오자유 변호사　판사님, 이의 있습니다. 피고 측은 지금 원고가 왜 소송을 제기할 수밖에 없었는지 전혀 이해하지 못하고 있습니다. 원고의 사연이 미담이 되고 열녀로 칭송받았다고 해서 과연 당사자가 행복했을까요? 그런 사회 관습이 여성들을 억압했다는 생각은 안 해 보셨습니까? 이는 개인의 선택이라며 그냥 넘어갈 문제가 아닙니다. 그러한 선택을 강요한 당시의 잘못된 법과 사회적인 인식이 문제였기 때문입니다. 이 재판에 관한 이해를 돕기 위해 조씨 부인을 증인으로 모시고자 합니다.

판사　받아들입니다. 증인은 앞으로 나와 주세요.

　　조씨 부인이 앞으로 걸어 나와서 선서를 하고 증인석에 앉았다.

미담
사람을 감동시킬 만큼 아름다운 내용의 이야기를 말합니다.

2

성종은 왜 여자들의
재혼을 금지했을까?

오자유 변호사　증인은 간단히 자기소개를 해 주시기 바랍니다.

조씨 부인　나는 성종 임금에 의해서 재혼 무효 판정을 받은 과부 조씨 부인입니다.

오자유 변호사　나와 주셔서 감사합니다. 그럼 바로 신문하겠습니다. 과부의 재혼이 금지되는 과정에서 증인이 그 원인을 제공하였다고 하는데, 맞습니까?

조씨 부인　맞습니다. 나의 재혼이 문제가 된 것은 성종 임금이 조선을 다스리던 1477년입니다. 나는 당시 첫 남편이 죽은 뒤 김주라는 양반과 재혼하였습니다. 하지만 동생이 내가 가진 재산을 탐내어 재혼이 무효라고 관아에 고발하였지요.

오자유 변호사　그래서 어떻게 되었나요?

조씨 부인　　나의 두 번째 혼인은 결국 무효 판정을 받았습니다.

오자유 변호사　　무효가 된 이유가 무엇입니까?

조씨 부인　　중매라는 절차 없이 스스로 혼인을 결정한 것이 잘못이라고 하더군요. 하지만 나는 부모님이 일찍 돌아가셨기 때문에 대신 중매해 줄 사람이 없었습니다. 게다가 남편이 죽은 뒤 오랜 시간 홀로 지냈기 때문에 충분히 도리를 다했다고 생각했습니다. 그래서 어렵게 혼인을 결정한 것인데 그 과정이 법을 위반한 것이라니…… 꿈에도 생각하지 못했던 일입니다. 흑흑.

무효
법률 행위가 어떤 이유로 인해서 처음부터 효력을 잃는 것입니다.

실정법

현실의 제도로서 시행되고 있는 법을 말합니다.

민주주의

국민이 권력을 가지며 그 권력을 스스로 행사할 수 있는 제도를 말합니다.

다수결의 원칙

의견이 대립할 때 많은 사람의 의견에 따라 결정하는 원칙으로, 민주주의의 기본적인 원칙 중 하나입니다.

교과서에는

▶ 조선 시대에는 『경국대전』과 『대명률』로 대표되는 법전에 의해 형벌과 민사에 관한 사항을 규율하였는데, 형벌에 관한 사항은 주로 『대명률』의 적용을 받았습니다.

오자유 변호사　아니, 어린 나이도 아니고 성인이 혼인을 했는데 왜 실정법에 위반된다는 것입니까?

조씨 부인　▶『대명률』이라는 법전에 "혼인할 때 절차를 갖추지 않으면 곤장 80대를 맞고 그 혼인은 무효로 한다"고 되어 있었기 때문이지요.

오자유 변호사　무척 억울하셨겠네요. 이 사건은 당시 왕이었던 성종에게 알려져 재혼 금지법의 제정 여부에 대한 회의까지 열렸다고 하던데, 맞습니까?

조씨 부인　네. 이 사건 이후에 조정에서 재혼 금지법에 대한 논의가 있었어요. 물론 이 법은 남자가 아닌 여자에게만 해당하는 것이었지요. 당시 이 논의에 참여한 신하는 총 46명이었는데 이 중에서 42명이 재혼 금지법에 반대했지요. 다시 말해 많은 신하들이 여자들의 재혼을 찬성했던 것입니다.

오자유 변호사　반대한 분들은 어떤 이유에서였나요?

조씨 부인　과부들이 재혼하지 않으면 스스로 생계가 어려워서 굶어 죽을 수도 있었기 때문이에요. 그래서 재혼을 법으로 금지하는 것은 좋지 않다고 주장하였지요.

오자유 변호사　그럼 그렇게 대다수가 반대한 법안이 어떻게 통과된 것입니까?

조씨 부인　그 당시는 요즘처럼 민주주의 시대가 아니었기 때문에 다수결의 원칙에 따라 결정을 내리지 않았어요. 왕의 생각과 판단이 제일 중요했지요. 성종 임금은 재혼

왜 조선 시대 여성은 재혼을 하지 못했을까?

금지법 제정에 찬성하는 네 명의 소수 의견을 따랐습니다. 그러고는 조선 시대의 헌법과도 같았던 『경국대전』에 "재혼한 여자의 자손은 과거 시험에 응시할 수 없다"는 법 조항을 만들었지요.

오자유 변호사　그러면 성종을 비롯한 네 명의 신하들은 왜 여자의 재혼을 금지해야 한다고 생각한 것일까요?

조씨 부인　▶내 생각엔 남자 중심의 가계 계승 질서를 지키기 위해서였던 것 같아요. 여자들이 재혼하게 되면 남자 중심의 가계 계승이 무질서해진다는 것이죠. 순수 혈통을 보장받고 싶어 했던 남자들의 욕망이 반영된 것이라 생각합니다.

이대로 변호사　판사님, 이의 있습니다. 원고 측 증인은 자신의 개인적인 판단으로 재혼 금지법을 비판하고 있습니다.

판사　증인의 말은 일부 인정할 만하나 되도록이면 객관적인 증언을 하도록 노력해 주십시오. 원고 측 변호인은 질문이 더 남았습니까?

오자유 변호사　아닙니다. 이상입니다.

판사　그럼 피고 측 변호인, 이어서 신문하세요.

이대로 변호사　증인의 동생이 증인을 고발한 것으로 알고 있는데요, 동생이 누나를 고발했다면 그만한 이유가 있어서겠지요. 일부러 혈육을 고발할 사람이 어디에 있겠습니까?

조씨 부인　동생은 내 집의 노비를 빼앗으려고 거짓으로 관아에 고발한 것입니다.

교과서에는

▶ 조선 시대에 부계 중심의 가족 제도는 사회 질서를 유지하는 데 중요한 역할을 하였어요. 과부의 재혼을 금지하고 효자나 열녀를 표창한 것도 모두 그러한 정책의 일환이었답니다.

유교
공자는 인(仁)을 효(孝)이며 제
(悌)라 하여 가장 중시하였는데,
가족적 결합의 윤리에서 시작하
여 혈연관계에서의 애정을 사회
질서와 정치의 기본 원리로 삼았
습니다. 유교는 이러한 공자를
시조로 하는 중국의 대표적인 사
상으로서 수천 년 동안 동양의
사상을 지배하였습니다.

이대로 변호사   그런 증거가 있습니까?

조씨 부인   관아에서 조사한 결과 동생이 나를 아무런 이유 없이 고발한 것으로 결론이 났습니다. 나의 잘못이 아니었던 것이지요.

이대로 변호사   그럼에도 재혼이 무효가 된 것은 그 자체가 잘못되었기 때문 아닙니까?

오자유 변호사   판사님, 이의 있습니다. 피고 측 변호인은 증인을 유도 신문하여 피고 측에 유리한 증언을 하도록 강요하고 있습니다.

판사   인정합니다. 증인은 이런 의도적인 질문에 굳이 답하지 않으셔도 좋습니다. 피고 측 변호인은 더 질문할 것이 있습니까?

이대로 변호사   몇 가지만 더 질문하도록 하겠습니다. 당시의 사회 분위기를 생각했을 때 증인의 재혼이 문제가 되리라고는 짐작하지 못했습니까?

조씨 부인   네. 내가 살던 조선 초기만 하더라도 재혼이 크게 지탄받을 일은 아니었어요. 그래서 큰 문제가 되리라고는 생각하지 못했지요. 물론 조선에 유교 윤리가 퍼지고 있던 시점이어서 여자들의 재혼을 부정적으로 바라보는 시선이 있기는 했지요.

이대로 변호사   그럼 재혼을 법으로 금지하게 되면서 여자들이 재혼을 피하게 된 것이군요.

조씨 부인   단정할 수는 없지만 나는 그렇게 생각합니다. 그 이후로 여자들은 시간이 갈수록 점점 더 자유롭지 못한 존재가 되었지요. 게다가 이번 소송을 제기한 함양 박씨는 재혼이 법으로 금지되던 시기에 살았기 때문에 재혼은커녕 자기 목숨마저 끊어 열녀가 되어야 했던 것입니다.

이대로 변호사   판사님, 지금 증인은 여자에게 지아비인 남편은 오로지 한 명밖에 없다는 사실을 망각하고 계속해서 재혼 금지법만 탓하고 있습니다.

오자유 변호사   이의 있습니다. 피고 측 변호인은 지금 인신공격성 발언을 하고 있습니다. 신문을 중단시켜 주시기 바랍니다.

판사   원고 측 변호인의 이의 신청을 받아들입니다. 그럼 양측 변호인의 신문이 모두 끝난 것으로 봐도 무방합니까?

오자유 변호사   아닙니다. 중요한 질문을 빠뜨린 것 같은데 조금만 더 시간을 주시겠습니까?

판사   좋습니다. 원고 측 변호인, 신문하세요.

오자유 변호사   증인에게 다시 묻겠습니다. 재혼 금지법이 가지는 문제점이 있음에도 불구하고 그동안 폐지하자는 주장은 없었습니까?

조씨 부인   재혼이 금지되다 보니 경제적으로 먹고 살 길이 막막한 과부들은 생존에 위협을 받았습니다. 가뭄으로 흉년이라도 들면 굶어 죽는 경우도 있었지요. 물론 "나이가 서른 이하로 자식이 없는 과부는 재혼을 허락하여 생계를 잇도록 하자"는 제안이 있었습니다. 그러나 당시 성종 임금은 "굶어 죽는 과부는 적지만 정절을 잃는 과부는 많게 된다"며 반대했습니다.

오자유 변호사   그렇다면 재혼 금지법은 언제까지 유지되었습니까?

조씨 부인   내가 알기로 재혼 금지법은 성종 임금에 의해 법으로 제정된 후 약 400년간 지켜졌습니다. 그동안 조선에서는 서민들까지도 과부의 수절을 찬양하고 실천하도록 가르쳤지요. 그러고는 1894년 갑오개혁 때 비로소 폐지되었습니다. 물론 이곳 역사공화국에 와서야 알게 된 사실이지만요.

오자유 변호사   그렇게 오랜 기간 동안 재혼이 금지되었다니 놀라운데요.

조씨 부인   그렇지요. 하지만 앞에서도 말씀드렸듯이 여자들의 재혼은 이렇게 힘들었던 반면 남자들의 재혼은 별다른 제약이 없었습니다. 단지 '양반으로서 부인을 잃은 사람은 3년 뒤라야 재혼할 수 있다'는 제약이 있었을 뿐입니다. 그러나 부모가 재혼을 허락하거나 나이가 마흔 살이 넘도록 아들이 없는 남자는 3년을 채우지 않아도 곧바로 결혼할 수 있었습니다.

갑오개혁
1894년(고종 31) 7월부터 1896년 (고종 33) 2월 사이에 추진된 근대화 운동으로 정치·경제·사회 전반에 걸쳐 혁신이 이루어졌습니다.

오자유 변호사　그럼 아내를 잃은 남자들은 모두 재혼이 가능했다는 말씀이군요?

조씨 부인　물론 공주와 결혼한 남자, 즉 부마는 재혼하기 힘들었습니다.

오자유 변호사　그렇군요. 왕의 눈이 무서워서 그랬던 건가요?

판사　원고 측 변호인, 왕실의 재혼 문제는 이번 재판에서 다루지 않아도 될 것 같습니다. 그 주제는 필요하다면 추후 재판에서 다루는 것으로 하지요. 증인은 자리로 돌아가 주세요.

오자유 변호사　알겠습니다. 지금까지 증인의 이야기를 통해서 여자들의 재혼을 금지하도록 만든 사람이 피고 성종이었다는 것을 알 수 있었습니다. 함양 박씨가 왜 성종을 고소했는지 모두 잘 이해하셨으리라 생각합니다.

　조씨 부인은 당시에 재혼을 시도했던 여성답게 당당한 걸음으로 걸어 나갔다.

　"조씨 부인 때문에 재혼 금지법이 생겼으니 여자들에게 미안하다고 해야 하는 거 아니야?"

"무슨 소리야? 사건의 발단이 된 것은 맞지만 정작 재혼을 금지한 사람은 성종이잖아."

"맞아. 조씨 부인이 아니었다고 해도 그런 일은 충분히 일어날 수 있었어."

"여자들이 재혼도 못하고 평생 혼자 살도록 하다니 너무 안타까운 일이야. 나라면 열녀가 되고 싶다는 생각은 절대 안 했을 것 같아. 뭐가 명예로운 건지 모르겠어."

사람들이 저마다 수군대며 원고 측 편을 들자 이대로 변호사가 재빨리 판사에게 피고 측 증인을 부를 것을 요청하였다.

조선 시대의 헌법, 『경국대전』

　조선 시대 최초의 종합 법전인 『경국대전』이 완성되기 전까지 우리나라는 관습법이나 중국 법률에만 의존하고 있었습니다. 조선은 이전 왕조인 고려와 달리 유교를 지배 사상으로 하였는데 이에 따라 유교적 관점에 맞는 새로운 법전을 만들어야 했지요.

　『경국대전』의 편찬 작업은 1457년(세조 3)에 시작되어 몇 차례 수정, 보완 작업을 거쳐 1485년 성종 때 완성되었습니다. 이렇게 오랜 시간이 걸렸던 것은 완벽한 법전을 만들려는 의지가 컸기 때문입니다. 이전, 호전, 예전, 병전, 형전, 공전의 6전 체제로 구성된 『경국대전』의 완성은 곧 조선의 유교식 국가 운영 체계의 완성을 의미하기도 했습니다.

　오늘날의 시각에서 봤을 때 『경국대전』의 과부의 재가 금지, 서얼 자손의 영구 과거 금지, 노비 매매 허용 등의 사항은 시대적 한계성을 벗어나지 못했다고 볼 수 있습니다. 그러나 조선 왕조가 만세 불변의 법전을 만들기 위해 기울인 노력이나 오늘날의 관점에서도 여러 규정들이 상당히 합리적이라는 점 등은 높이 평가받아야 할 것입니다.

3 열녀문은 과연 가문의 영광이었을까?

이대로 변호사 존경하는 판사님, 열녀가 되는 것이 얼마나 명예로운 일이었는지를 밝히기 위해 피고 측 증인으로 송시열 선생을 모시고자 합니다.

판사 증인 송시열은 나와서 증인 선서를 하세요.

송시열 어험, 선서. 나는 신성한 한국사법정에서 오직 진실만을 말할 것을 맹세합니다.

판사 이제 증인석에 가서 앉아 주시고, 피고 측 변호인은 간단히 증인을 소개해 주십시오.

이대로 변호사 증인 송시열은 조선을 유교 국가로 만드는 데 크게 기여하신 분으로 조선 제17대 왕 효종의 스승이었습니다. 효종은 왕이 된 뒤 증인과 나랏일을 상의하며 스승으로서 극진히 모셨지요.

증인은 1636년(인조 14)에 **병자호란**이 일어나 조선이 청나라와 굴욕적인 강화를 맺자, 이에 분개하여 관직을 버리고 고향에 내려가 교육에만 매진하기도 했지요. 『조선왕조실록』이라는 기록물에 증인의 이름이 무려 3000번이나 등장한다는 사실을 아십니까? 그만큼 유명했다는 증거이지요.

판사 잘 알겠습니다. 그럼 피고 측 변호인이 먼저 신문을 시작해 주세요.

이대로 변호사 감사합니다. 증인은 조선 시대 선비들의 존경을 한 몸에 받은 분이라고 알고 있습니다. 지금 본 법정에서 열녀 논쟁이 한창인데 이 점에 대해서 어떻게 생각하십니까?

송시열 열녀 논쟁이라니, 당치도 않은 말이오. 여자로서 남편을 잃으면 평생 수절하는 것이 당연한 일인데 무슨 논쟁을 벌인다는 것입니까? 당시 조선은 유교 사회였습니다. 유교 사회라고 함은 정치, 사회, 문화 등 모든 부분에 유교 이념이 영향을 끼쳤다는 것을 말합니다. 때문에 글을 모르는 백성까지도 유교적인 윤리와 도덕이 무엇인지 알도록 교육하였지요. ▶조선 시대에 충신과 효자, 열녀가 많이 나온 것도 백성의 교화에 힘썼기 때문입니다. 그런 의미에서 조선은 매우 훌륭한 나라였다고 볼 수 있지요. 흠흠.

이대로 변호사 그렇다면 유교 문화의 대표 주자인 증인의 집안에도 열녀가 있었겠군요?

송시열 당연하지요. 우리 집안의 8대조인 류씨 할머니께서 열녀 칭호를 받으셨지요.

병자호란
청나라에서 조선에 대해 왕과 신하의 관계를 요구한 것을 조선이 물리치자 청나라 태종이 20만 대군을 거느리고 침략한 사건을 말합니다.

교과서에는

▶ 조선 시대에는 사회 질서를 유지하기 위한 윤리 덕목으로 효와 정절을 강조하였습니다.

이대로 변호사　　그렇군요. 그분은 어떤 분이었는지 소개해 주시겠어요?

송시열　　류씨 할머니는 조선 전기의 문신인 쌍청당 송유의 어머니예요. 나의 8대조인 송극기 할아버지와 혼인하였는데 할아버지가 일찍 돌아가시는 바람에 혼자가 되셨지요. 당시 류씨 할머니는 친정에 계셨는데, 친정 식구들이 재혼을 시키려 했으나 이를 거부하고 네 살밖에 안 된 아들을 업은 채 500리 길을 걸어서 시댁으로 갔습니다. 처음에는 시부모도 며느리를 반기지 않았어요. 하지만 할머니는 평생 시부모님을 효성스럽게 모시다가 여든두 살의 나이로 돌아가셨습니다.

이대로 변호사　　그렇군요. 만약 류씨 할머니가 시댁으로 오지 않고 친정에서 재혼을 했다면 어떻게 되었을까요?

송시열　　아마 우리 가문이 이렇게까지 빛을 보지 못했을 수도 있겠지요. 류씨 할머니는 송씨 가문의 열녀로서 가문의 새로운 출발을 가져다준 분이기 때문입니다. 그래서 우리 송씨 가문에서는 류씨 할머니를 매우 자랑스럽게 여기고, 매년 모든 후손들이 한자리에 모여 그 넋을 기리고 있습니다. 다들 아시다시피 열녀의 행적을 기리기 위해 세운 열녀문은 왕이 내려 주는 것입니다. 그러니 열녀는 여자가 받을 수 있는 최고의 명예로운 칭호예요. 그것을 버리고 자유로운 여자로 살겠다니, 내 가치관으로는 도저히 이해할 수 없군요.

이대로 변호사　　존경하는 판사님, 증인 송시열은 조선이 낳은 최고의 학자이자 정치가로 조선 시대 사람이라면 누구나 그의 말을 신뢰

　　왜 조선 시대 여성은 재혼을 하지 못했을까?

했다는 것을 헤아려 주시기 바랍니다. 이상입니다.

판사 알겠습니다. 그러면 이번에는 원고 측 변호인이 신문하시겠습니까?

오자유 변호사 네. 증인은 『계녀서』라는 책을 쓰신 걸로 알고 있는데, 맞습니까?

송시열 맞습니다.

오자유 변호사　그 책은 어떤 책입니까?

송시열　여자들이 지켜야 할 도리에 대해 쓴 것이지요. 부모님은 어떻게 섬기고 남편은 어떻게 받들어야 하는지 등 시집간 여자가 지켜야 할 도리 스무 가지를 써 놓은 글입니다.

오자유 변호사　여자가 지켜야 할 도리가 어떤 것인지 간단히 설명해 주시겠습니까?

송시열　네. 여자는 남자와 달리 가정에 충실해야 합니다. 자식 잘 키우고 시부모님 잘 모시고 남편을 잘 섬기는 것이 여자의 인생 아닙니까? 결혼하기 전에는 효녀로 살고, 결혼한 후에는 현숙한 아내가 되며, 남편이 죽은 뒤에는 열녀로 살아야 합니다. 지아비 '부(夫)'라는 한자를 보세요. 하늘 '천(天)' 자보다 올라가 있잖아요. 하늘보다 높은 것이 남편이라는 뜻이에요. 이러한 것을 잘 모르는 여자들을 위해 쓴 책이 바로 『계녀서』이지요.

오자유 변호사　조선 시대의 많은 여성들이 그 책을 읽었겠군요?

송시열　음. 내 자랑 같지만 우리 집안 여자들은 말할 것도 없고 양반 여자들은 다들 읽었을 거예요.

오자유 변호사　그렇군요. 그런데 류씨 할머니는 열녀 칭호를 한참 뒤에 받으신 걸로 알고 있는데, 맞습니까?

송시열　그렇소. 돌아가신 지 300년 만에 열녀 칭호를 받으셨지요.

오자유 변호사　그렇다면 증인의 집안에서 열녀인 것을 증명하려고 많은 노력을 기울인 것도 맞습니까?

송시열　맞습니다. 집안의 어르신이 열녀가 된다는데 노력하지 않을 후손이 어디 있겠습니까?

오자유 변호사　　그럴 수 있지요. 하지만 조선 후기에 명문 가문이 되는 조건 중의 하나가 열녀를 배출하는 것이었기 때문에 300년이 지났는데도 무리하게 열녀를 만들려고 한 것은 아닌가요?

이대로 변호사　　판사님, 이의 있습니다. 원고 측 변호인이 증인을 죄인 대하듯 하고 있습니다. 얼마나 어렵게 모신 증인인데…….

판사　　인정합니다. 원고 측 변호인은 자제해 주시기 바랍니다. 증인, 계속 이야기하세요.

송시열　　우리 가문이 열녀를 조작했다고 말씀하시는데, 전혀 아닙니다. 우리는 그저 있는 사실 그대로를 왕에게 올려서 열녀문을 하사받은 것입니다. 정절을 소중하게 여기며 훌륭한 혈통을 유지해 온 우리 가문을 먹칠하지 마시오!

오자유 변호사　　여자들에게만 정절을 요구한 것이 부당하다는 생각은 안 해 보셨습니까?

송시열　　남녀는 모름지기 안팎의 구분이 있어야 합니다. 조선 시대에는 '내외법'이라는 것이 있었습니다. 이는 남녀가 직접 만나는 것을 금지한 법이지요. '남녀칠세부동석(男女七歲不同席)'이라는 것이 대표적인데, '남녀는 일곱 살이 되면 함께 있지도 않고 음식도 같이 먹지 않는다'는 뜻이에요. 함양 박씨가 얼굴도 모르는 남자한테 시집간 것도 바로 이러한 윤리 때문입니다.

오자유 변호사　　제가 알기로 내외법은 남녀 간 예절에 관한 중국의

정절
여자로서 지켜야 할 곧은 절개를 말합니다.

풍습이었는데, 조선에 들어와서 강제성을 띠게 되었다고 합니다. 그래서 조선 시대에는 여성들이 바깥출입을 하기도 힘들었고, 외출을 할 때는 장옷이라는 것을 머리에 써서 얼굴을 가려야 했습니다.

오자유 변호사가 내외법에 대해 설명을 덧붙이자 방청석이 소란스러워졌다.

왜 조선 시대 여성은 재혼을 하지 못했을까?

"내외법이 참 가혹한 것이군."

"얼굴에 부르카라는 베일을 쓰고 다녀야 하는 이슬람 여성이나 마찬가지였다는 거잖아. 조선 시대 여자들은 답답해서 어떻게 살았을까?"

"에이, 암탉이 울면 집안이 망한다고 하잖아. 여자들은 무조건 집 안에 가두고 나돌아 다니지 못하게 해야 해!"

나이 많은 남자 방청객들이 한쪽에서 언성을 높이자 이를 듣고 있던 여자들이 일제히 그들을 노려보았다. 잠시 싸늘한 공기가 법정 안에 감돌 았다. 오자유 변호사는 주위를 천천히 둘러보며 입을 열었다.

이슬람에서는 여성이 얼굴이나 피부를 드러 내지 않기 위하여 부르카를 머리에 씁니다.

오자유 변호사   열녀가 나오면 가문의 영광은 물론이고, 나라에서 후손들에게 벼슬을 내리는 등 각종 혜택을 주었습니다. 실제로 가문 의 번성과 유지를 위해 열녀를 이용한 것입니다. 희생당한 여자들만 불쌍한 것이지요.

송시열   원고 측 변호인이 별 해괴한 논리를 펴는군요. 지금 우리 가문의 열녀 어르신을 모독하는 것입니까? 이런 대우를 받고는 더 이상 증인석에 앉아 있기 힘들겠습니다.

판사   증인은 진정하시기 바랍니다. 서로 언쟁이 벌어지는 분위기 이니, 피고 측 변호인이 더 이상 질문이 없다면 증인 신문은 여기까지 하겠습니다.

오자유 변호사　　　네, 알겠습니다.

이대로 변호사　　　네.

"남자는 하늘, 여자는 땅이지!"

송시열이 증인석에서 일어나자 방청석에서 송시열을 두둔하는 목소리가 들렸다.

"아휴, 어디나 저런 꽉 막힌 사람들이 있다니까."

"그러게 말이야. 아직 조선이라는 나라가 망하지 않았다고 생각하나 보지?"

방청석이 술렁이자 양쪽 변호사들이 판사에게 휴정하자는 신호를 보냈다.

판사　　　자, 벌써 시간이 많이 흘렀으니 오늘 재판은 여기서 마무리 하겠습니다. 원고와 피고, 양측 변호인 모두 수고하셨습니다. 오늘은 원고 함양 박씨가 누구인지, 그리고 왜 성종에게 소송을 제기한 것인지 살펴보았습니다. 오늘 풀지 못한 문제들은 다음 재판에서 알아보도록 하고, 첫 번째 재판은 이것으로 마치겠습니다.

땅, 땅, 땅!

　　　왜 조선 시대 여성은 재혼을 하지 못했을까?

다알지 기자

여러분, 안녕하십니까? 역사공화국 법정 뉴스의 다알지 기자입니다. 저는 지금 조선 시대 최고의 열녀인 함양 박씨와 조선 제9대 왕 성종의 재판이 열린 현장에 나와 있습니다. 이번 재판에서는 함양 박씨가 어떤 사연으로 이번 소송을 제기했는지, 그리고 여성의 재혼을 금지했던 성종에게 어떤 책임이 있는지에 대해서 중점적으로 알아보았습니다. 지금 막 첫 번째 재판이 끝났다고 하는데요, 이번 재판의 주인공인 원고 함양 박씨와 피고 성종을 만나 보도록 하겠습니다.

함양 박씨

　나는 오늘 법정에서 나와 같은 열녀들이 나오게 된 것이 성종 때문이라는 것을 거듭 밝혔습니다. 성종은 유교 사회를 만들기 위해 여성의 재혼을 법으로 금지했습니다. 그의 의도가 어떻든 간에 이후로 수많은 여성들이 재혼을 하지 못한 채 불행한 삶을 살았습니다. 나는 이 법정에서 재혼 금지법의 부당성을 널리 알리고자 합니다. 법원이 올바르게 판단한다면 당연히 나의 손을 들어 줄 것이라고 생각합니다.

　　　왜 조선 시대 여성은 재혼을 하지 못했을까?

성종

　나는 내가 만든 법에 대해서 자부심이 있소. 나
라를 바르게 세우기 위해서는 확실한 질서가 필요
했다오. 한 나라의 왕으로서 나도 얼마나 많은 고민이
있었겠소? 하지만 여자와 남자는 엄연히 다르오. 각자의 본분에 충실
할 때 가정이 바로 서고 그 위에 나라가 바로 서는 것이오. 어쩔 수 없
이 법정에 서긴 하지만 아직도 기분이 언짢다오. 오늘 재판은 가만히
지켜보기만 했는데, 다음 재판에서는 나의 뜻을 확실히 밝힐 것이오.

조선은 왜 남성 중심의 사회가 되었을까?

1. 고려와 조선의 결혼 풍속은 어떤 차이가 있었을까?
2. 칠거지악은 무엇일까?
3. 성종은 왜 어우동을 죽였을까?

고려와 조선의 결혼 풍속은
어떤 차이가 있었을까?

"지난 재판 때 함양 박씨의 표정 봤어? 너무 안타깝더라고."

"맞아. 그런데 과거의 결혼 제도가 도대체 어땠기에 이런 일들이 일어난 거야?"

"그러게. 조선 시대에만 열녀가 있었나?"

"그건 지난 재판에서 얘기한 것 같기도 하고, 잘 모르겠네. 헤헤."

"여자들에 대한 대우가 언제부터 그렇게 안 좋아진 거야, 대체?"

"이번 재판에서 바로 그 얘기를 한다는 것 같던데? 빨리 들어가 보자고!"

판사 　지금부터 원고 함양 박씨와 피고 성종의 두 번째 재판을 시 작하겠습니다. 오늘은 과거의 결혼과 재혼의 풍습에 대해서 알아보도록 하겠습니다. 또한 역사적으로 여성의 지위가 어떻게 변화했는지 자세히 살펴보는 것이 좋겠습니다. 그럼 원고 측 변호인부터 발언할 기회를 드리겠습니다.

오자유 변호사 감사합니다. 조선 시대의 여성이 왜 재혼을 하지 못하고 열녀가 되어야 했는지를 알려면 그 당시 문화에 대해서 이해해야 합니다. 이를 위해 조선 시대 이전인 고려 시대의 결혼 문화와 여성의 지위에 대해서 먼저 살펴보겠습니다.

판사 네, 좋습니다.

오자유 변호사 고려의 문화는 조선의 문화와 매우 달랐습니다.

판사 어떤 면에서 다르다는 건가요?

오자유 변호사 단순하게 구분하자면, 고려는 불교 중심 국가였고 조선은 유교 중심 국가였던 점이 다릅니다. 불교와 유교는 가족 윤리관에 큰 차이가 있는데, 윤회 사상을 바탕으로 하는 불교는 부모 자식 간의 인연이 죽으면 끝난다고 생각했습니다. 그러나 유교는 혈통을 중요시하여 죽더라도 부모 자식 간의 인연은 끊어지지 않는다고 생각했지요. 그래서 유교가 지배했던 조선 시대에는 자식을 낳는 것이 큰 의무였습니다. 특히 아들을 낳아 가문의 대를 이어 나가는 것이 제일 중요했어요.

판사 그렇다면 불교를 믿었던 고려 시대 사람들은 아들과 딸을 차별하지 않았겠네요?

오자유 변호사 네. ▶고려 시대에도 아들을 귀하게 여긴

윤회 사상

불교에서는 생명이 있는 모든 것을 중생이라고 하는데, 중생은 죽은 후에도 다시 태어나기 때문에 생애를 반복하게 되고 이를 윤회라고 합니다. 다음 생에서는 다른 중생으로 살게 되므로 전생의 인연은 죽으면 끝난다고 본 것이지요.

교과서에는

▶ 고려 시대에 부모의 유산은 자녀에게 골고루 분배되었고, 호적을 기재할 때도 태어난 순서대로 하여 남자와 여자를 차별하지 않았습니다. 아들이 없는 경우에도 양자를 들이지 않았고 딸이 제사를 받들었지요.

것은 사실이나 그렇다고 남자와 여자 사이에 차별을 두지는 않았습니다. 예를 들어 재산을 상속할 때 아들과 딸 모두에게 똑같이 나눠 주었습니다. 이를 '균분 상속'이라고 하지요. 물론 조선 초기까지는 이러한 풍속이 남아 있었습니다. 그러나 유교의 풍습이 널리 퍼진 이후로는 아들, 특히 큰아들 위주로 재산을 상속하고 결혼한 딸에게는 아무것도 주지 않았습니다. 지금 생각해 보면 자식에게 재산을 똑같이 나눠 주는 것은 당연한 일이지만 당시에는 그렇지 않았나 봅니다.

"말도 안 돼. 딸은 자식도 아닌가?"

"아들 아들 하는 것이 조선 시대부터였군그래."

"하여간 여자들이란. 그렇게 부러우면 남자로 다시 태어나든지."

방청객들은 저마다 한마디씩 주고받았다.

판사   방청석에서는 조용히 해 주시기 바랍니다. 원고 측 변호인에게 다시 묻겠습니다. 방금 이야기한 대로라면 고려와 조선의 결혼 풍속도 서로 달랐을 것 같은데, 어떤가요?

오자유 변호사   조선이 세워지기 전까지 우리나라의 결혼 풍속은 여자가 시집가는 것이 아니라 남자가 장가가는 것이었습니다. 이를 '남귀여가혼(男歸女家婚)'이라고 하지요. 여기서 시집가는 것은 신부가 신랑의 집인 시댁으로 들어가는 것이고, 장가가는 것은 신랑이 신부의 집으로 들어가는 것을 말합니다. 과거에는 결혼이 단순히 남자와 여자의 일대일 결합이 아니었던 것이지요. 물론 요즘도 결혼을 집안 간의 결합이라고들 하지만 과거에는 그 의미가 더 컸답니다.

판사 그럼 남자가 여자 집안으로 장가가는 풍속에서 여자가 남자 집안으로 시집가는 풍속으로 바뀐 이유가 무엇입니까?

오자유 변호사 애초에 시집가는 결혼 풍속은 우리나라 고유의 풍속이 아니라 중국에서 들어온 유교식 결혼 풍속입니다. 우리나라의 전통적인 결혼 풍속이었던 '남귀여가혼'이 조선 시대에 들어와서 강제로 바뀐 것이지요. 그래서 고려 시대 여자들은 시집살이라는 것 자체를 겪을 일이 없었습니다. 처가 쪽 부모들이 사위의 성씨 뒤에 서방이라는 호칭을 붙여 '김 서방', '이 서방'이라고 부르는 것도 조선 시대 이전의 결혼 풍속에서 나온 호칭입니다.

판사 서방이라는 말에 특별한 의미가 있는 건가요?

오자유 변호사 남귀여가혼의 결혼 풍속은 고구려의 데릴사위제와 닮았습니다. 데릴사위제는 신랑이 일정 기간 신부의 집에 가서 거주하는 형태의 결혼 풍속을 말합니다. 고구려에서는 혼약이 맺어지면 신부의 집에 '서옥'이라는 작은 집을 따로 지어서 신혼부부가 지내도록 했습니다. 이렇게 서옥에 사는 사위를 서방이라고 부르게 된 것이죠. 지금도 사위를 '서방'이라고 부르고 결혼하는 것을 '장가간다'라고 하는데, 모두 이러한 풍속에서 생겨난 말입니다.

판사 그럼 그런 풍속이 사라지게 된 이유가 무엇입니까?

오자유 변호사 ▶이러한 처가살이 형태의 결혼 풍속은 고

교과서에는

▶ 조선 중기까지 혼인 후에 남자가 여자 집에서 생활하는 경우가 많이 있었어요. 하지만 성리학적인 의식이 자리를 잡으면서 부계 중심의 가족 제도가 확립되었고, 혼인 후에 곧바로 남자 집에서 생활하는 제도가 정착하게 되었답니다.

려를 거쳐 조선 초기까지 이어져 내려오다가 가부장적 질
서를 세우려는 유학자들로부터 <u>철퇴</u>를 맞고 말았습니다.
이때 유학자들이 내세운 결혼 풍속이 바로 앞서 이야기했
던 '시집살이'입니다. 그러니까 중국의 결혼 풍속이었던
이 시집살이는 우리 역사에서 300년이 채 안 된 것입니다. 오늘날 결
혼할 때 여자들이 혼수를 해 가는 경우가 많은데, 이것도 시집살이
결혼 풍속 때문에 생긴 것입니다. 조선 시대에는 여자들이 혼수를
마련하지 못해서 결혼을 못하는 경우도 있었다고 합니다.

철퇴
쇠몽둥이를 일컫는 말로 큰 타격
을 준다는 의미이지요.

"남자가 처갓집에 들어가서 살았다는 게 말이나 돼?"
"그게 원래 우리나라의 결혼 풍속이었다고 하잖아요!"
"고려 시대에 태어났으면 시집갈 때 혼수를 마련하지 않아도 되
었을 텐데!"
방청석이 잠시 술렁이자 이대로 변호사가 기다렸다는 듯이 일어
나서 발언을 요청했다. 판사가 허락하자 이대로 변호사는 법정 안을
천천히 둘러보며 입을 열었다.

이대로 변호사　원고 측 변호인은 사람들이 고려 시대의 결혼 풍속
이 조선 시대의 결혼 풍속보다 좋은 것이라고 여기도록 유도하고 있
습니다. 하지만 그 이전과 비교해 보면 고려 시대의 결혼 풍속이 여
자들에게 마냥 좋은 것은 아니었음을 알 수 있지요.
오자유 변호사　특별히 어떤 부분을 말씀하시는 건가요?

신라의 골품 제도는 혈통에 따라서 신분을 구별하였던 것을 말하며, 골제로는 성골과 진골로, 두품제로는 6~1두품으로 나누어 구분하였습니다. 이때 성골은 왕이 될 수 있었던 최고의 신분이며, 6두품은 두품 가운데 가장 높은 등급이었습니다.

이대로 변호사는 날카로운 목소리로 따져 묻는 오자유 변호사를 힐끗 쳐다보고는 변론을 이어 나갔다.

이대로 변호사 ▶고려 이전의 신라의 경우를 보면 백성은 <u>골품제</u>라는 신분제의 한계를 뛰어넘을 수 없었습니다. 결혼이 신분 상승을 가져다주지는 않았던 것이지요. 예를 들어 성골은 성골끼리, 6두품은 6두품끼리 결혼했어요. 이렇게 같은 신분의 남자와 여자가 결혼했기 때문에 어느 한쪽이 덕을 볼 수 있는 것은 아니었어요. 반면 고려 시대에는 남자가 사회적으로 출세를 하려면 본인의 능력보다 더 중요한 것이 혈연 관계였습니다. 때문에 결혼을 잘하면 사회적으로도 성공할 수 있었지요.

오자유 변호사 조선 시대에는 남자 쪽 집안으로 모든 것이 치중되어 여자 쪽 집안에서 특혜를 받을 가능성이 별로 없었다는 것도 아셔야 합니다. 그래서 남자가 처가 덕을 보기 힘들었지요. 남자가 처가를 생각하는 것이 여자가 시댁을 생각하는 것과 같지 않았던 것도 그 때문입니다.

이대로 변호사 판사님, 지금 원고 측 변호인은 이야기의 흐름을 제대로 파악하지 못하고 변론을 방해하고 있습니다.

판사 인정합니다. 원고 측 변호인은 잠시 자중해 주세요. 피고 측 변호인, 계속 이야기하세요.

이대로 변호사 네. ▶▶고려 시대에는 친족 구조도 모계 중심의 성향이 강해서 사위나 외손자도 과거 시험을 거치지 않고 벼슬길에 나갈 수 있었습니다. 사위도 친자식과 같은 혜택을 받았고, 외손자도 친손자와 똑같은 혜택을 받았지요. 게다가 신라에 비하면 결혼할 때 신분상의 제약도 약했지요. 때문에 결혼을 이용하여 신분 상승을 꾀한 남자들이 많았다고 할 수 있습니다.

판사　그럼 조선 시대에는 사위나 외손자에게 혜택을 주지 않았나요?

이대로 변호사　네. 고려 시대만큼 혜택을 주지는 않았지요. 당시에 여자는 출가외인으로 여겨졌기 때문에, 딸이 낳은 자녀와 아들이 낳은 자녀가 같은 대우를 받을 수 없었던 것이지요. 어쨌든 고려 시대에는 결혼을 신분 상승의 수단으로 이용하는 남성들이 있었다는 사실만으로도 당시의 결혼 풍속이 조선 시대의 결혼 풍속보다 좋은 것이라고 간주하기에는 무리가 있지 않을까 생각합니다.

판사　그렇다면 조선 시대에 와서 원래 우리나라의 풍속을 버리고 중국의 것을 들여온 것에 대해서는 어떻게 생각하십니까?

이대로 변호사　외국에서 들여온 문화나 풍속이라고 해도 한 나라의 실정에 맞게 뿌리내리게 되면 그 나라의 좋은 문화가 될 수 있다고 생각합니다. 시집살이 결혼 풍속이 어디서 왔건, 우리나라에 정착되어 몇백 년간 지속되었으면 우리나라 풍속이라고 봐야 합니다.

판사　알겠습니다. 그 이야기는 지금 다루기에는 시간이 부족할 것 같습니다. 피고 측의 변론은 여기까지 듣는 것으로 하고, 원고 측에게 변론할 기회를 드리겠습니다.

오자유 변호사   감사합니다. 지금까지는 각 시대의 결혼 풍속에 대해서 살펴보았으니, 이제 여자의 재혼 문제에 대해서 본격적으로 이야기해 보도록 하겠습니다. 지금까지의 정황으로 볼 때 ▶고려 시대에 여자의 재혼이 좀 더 자유로웠던 것은 다들 예상할 수 있을 것입니다.

판사   우리가 알 만한 사례를 들 수 있습니까?

오자유 변호사   네. 고려 제6대 왕 성종의 부인인 문덕 왕후는 이미 결혼을 한 번 했던 여자였습니다. 첫 번째 남편이 죽자 성종과 재혼한 것입니다. 게다가 문덕 왕후는 성종과 결혼할 당시에 이미 전 남편과의 사이에 딸이 있었습니다.

이대로 변호사   판사님, 이의 있습니다. ▶▶고려 시대 왕실은 근친혼을 했기 때문에 문덕 왕후의 사례는 일반적이지 않습니다.

판사   고려 시대 왕실에서 근친혼을 했다고요?

이대로 변호사   그렇습니다. 고려 시대 왕족들은 왕가의 혈통 보존을 위해 고려 중기까지 근친혼을 했습니다. 유교적 관점에서 보면 참 미개한 것이지요.

오자유 변호사   왕실의 근친혼은 삼국 시대부터 존재했던 것으로 왕실의 혈통을 보존하고 분열을 막기 위한 것이었습니다. 따라서 유교적 관점에서 판단해서는 안 됩니다.

이대로 변호사   아닙니다. 이런 사례만 보아도 조선의 윤리관이 인간의 의식이나 도덕을 이전보다 높이 끌어올린 것이 명백합니다. 인간이 짐승과 다른 것이 무엇입니까?

바로 윤리와 예절을 안다는 것입니다.

오자유 변호사　그럼 재혼한 여자들은 윤리도 모르는 짐승이라는 말씀입니까?

이대로 변호사　원고 측 변호인의 말이 심하시군요. 저는 그렇게 말한 적이 없습니다. 비약하지 마세요.

판사　자, 두 분 변호인은 진정하세요. 고려 시대에 여자의 재혼이 비교적 자유로웠던 것은 사실인 것 같습니다. 그런데 남편과 사별한 경우에만 재혼이 가능했던 건가요? 이혼을 한 경우는 없습니까?

오자유 변호사　재혼이 자유롭다는 것은 이혼 또한 자유롭다는 뜻입니다. 그렇다고 요즘처럼 이혼율이 높은 것은 아니었고, 이혼이 필요한 경우에 법적으로 가능했다는 것입니다. 반면에 조선 시대에는 이혼이 법적으로 불가능했습니다. 양반이 이혼을 하려면 왕의 허락을 받아야 했으니까요.

이대로 변호사　판사님, 이혼이 자유롭다고 해서 여자들이 자유롭게 살았다는 것은 결코 아닙니다. 고려 시대에는 이혼이 자유로웠기 때문에 남편으로부터 이혼을 요구받은 여성들도 있었습니다. '검은 머리 파뿌리 되도록 죽을 때까지 살아야 된다'는 식의 생각은 없었던 것이지요. 남편에게 이혼당할 수도 있었던 고려 시대 여자들이 과연 행복했을까요? 그만큼 아내로서의 위치가 불안정했다고 볼 수 있습니다.

오자유 변호사　이의 있습니다. 그러면 이혼하고 싶어도 할 수가 없어서 남편과 시댁의 온갖 핍박과 학대를 묵묵히 견디며 살아야 했던 수많은 조선 시대 여자들이 더 행복했을 거라는 말씀인가요?

판사　　음, 판단하기 어려운 문제군요. 그럼 이야기가 나온 김에 조선 시대의 이혼과 재혼에 대해서 좀 더 다루어 보도록 합시다. 양측 변호인, 동의하십니까?

오자유 변호사　　동의합니다.

이대로 변호사　　저도 동의합니다.

　　왜 조선 시대 여성은 재혼을 하지 못했을까?

조선 시대의 결혼 절차

조선 시대의 결혼 절차는 유교식 혼례 절차를 따랐답니다. 그 절차를 한번 살펴볼까요? 결혼을 하기 위해서는 먼저 '의혼'의 단계를 거쳐야 했는데, 의혼은 혼례를 하기 전에 중매인을 내세워 결혼 의사를 물어보는 것을 말합니다. 당시에는 연애가 금지되었기 때문에 의혼은 결혼이 성사되기 위한 전 단계로 매우 중요했답니다.

의혼 단계가 끝나면 '납채'를 했습니다. 납채란 약속한 결혼을 받아들이는 것으로 신랑 측에서 신부 집에 결혼을 청하는 청혼서를 보내는 것입니다. 결혼 날짜는 청혼서를 받은 신부 측에서 정했습니다. 신부 측에서 결혼 날짜를 잡으면 신랑 측에서는 신랑의 신체 치수를 신부 측에 알렸고, 이에 따라 신부의 집에서 신랑의 옷을 만들었습니다. 이 풍속은 오늘날 서로 옷을 맞춰 주는 풍속으로 남아 있지요.

이렇게 납채가 끝나면 함을 보내는 절차인 '납폐'를 합니다. 함은 결혼식 전날 저녁에 신랑 집에서 신부 집으로 보내는 폐물이며 결혼의 징표입니다. 이 모든 절차를 마친 뒤에 신랑은 결혼식을 하기 위해 신부 집으로 떠납니다. 신부의 집에서 결혼식을 하고 신부가 신랑을 따라 시집으로 들어가는데, 이를 '신행'이라 합니다. 이렇게 조선 시대에는 절차를 중요시하여 이러한 과정을 거치지 않고 부부가 되는 것을 별로 달갑게 생각하지 않았답니다.

2

칠거지악은
무엇일까?

오자유 변호사　존경하는 판사님, 피고 측에서는 이혼과 재혼이 금지되었기 때문에 조선 시대 여성들의 지위가 확고했다고 주장하는데 이는 전혀 이치에 맞지 않습니다. 이에 반박할 기회를 허락해 주십시오.

판사　허락합니다.

오자유 변호사　감사합니다. 그럼 먼저 조선 시대에 있었던 일을 중심으로 이야기하겠습니다. 1640년, 인조 임금 때 있었던 일입니다. 장유라는 사람의 부인인 김씨가 아들과 며느리를 이혼시키고자 왕에게 이혼을 요청했습니다. 당시 양반들이 이혼을 하려면 왕의 허락을 받아야 했지요. 김씨가 아들과 며느리를 이혼시키고자 한 이유는 다음과 같습니다.

김씨의 며느리는 병자호란 때 포로가 되어 청나라에 끌려갔다가 돌아왔습니다. 이때는 김씨의 며느리뿐만 아니라 많은 여자들이 청나라로 끌려갔는데, 전쟁이 끝난 후 청나라에서 요구한 몸값을 치르고서야 돌아올 수 있었습니다. 그러니 몸값을 치를 수 없어서 돌아오지 못한 여자들도 있었지요. 돈을 지불하고 고향으로 돌아온 여자들은 청나라 남자에게 몸을 버리고 돌아왔다고 하여 '환향녀'라고 불리는 치욕을 받았습니다. 이때 김씨의 며느리를 포함한 많은 여자들이 남편으로부터 이혼을 요구받았지요. 그런데 당시의 왕이었던 인조는 이들의 이혼 요청을 받아 주지 않았습니다. 결국 김씨는 며느리를 쫓아내기 위해서 다른 이유를 들어 재차 이혼을 요청했어요. 며느리의 성격이 못되어 시부모에게 순종하지 않는다는 이유였어요. 정조를 잃은 며느리를 내쫓으려다가 왕의 허락을 받지 못하자 칠거지악(七去之惡)을 내세운 것이지요.

"아이고, 시어머니가 정말 너무했네!"
"그러게. 그 며느리는 포로로 끌려갔다 온 것도 속상할 텐데. 쯧쯧."
"여자의 적은 여자라더니……."
"사회가 그렇게 만든 거예요. 시어머니와 며느리는 모두 남자에 대해서는 약자이지만 두 사람 사이에서는 시어머니가 강자이지요. 여성이 또 다른 여성을 핍박하는 것도 남성 중심 사회가 만들어 낸 모순의 결과인 거예요."

똑똑해 보이는 한 젊은 여자가 옆자리에 앉아 있던 다른 방청객에게 또박또박 설명하였다.

"그런데 칠거지악이 뭐야?"

"일곱 가지 죄, 뭐 그런 뜻 아닌가?"

오자유 변호사는 술렁이는 방청석을 잠시 지켜보고는 다시 말을 이어 나갔다.

오자유 변호사　조선 시대에는 남자가 여자에게 쫓겨날 일이 거의 없었지만 여자들은 달랐습니다. 칠거지악이라는 일곱 가지 죄목을 정해 두고 이에 한 가지라도 해당할 경우 일방적으로 이혼을 당할 수 있었지요. 그 죄목을 살펴보면, '시부모에게 순종하지 않는 여자, 아들을 못 낳는 여자, 음란하고 질투하는 여자, 나쁜 질병이 있는 여자, 말이 많은 여자, 도벽이 있는 여자' 등이 있지요.

판사　정말 그런 이유로 아내를 내쫓을 수 있었다니 믿기지 않는군요.

오자유 변호사　그렇습니다, 판사님. 예를 들어 말이 많다고 이혼당한다는 건 이상하지 않습니까? 말이 많은지 적은지는 개인의 주관적인 판단에 따라 달라질 수 있는 거 아닌가요? 이런 경우를 '귀에 걸면 귀고리, 코에 걸면 코걸이'라고 하는 것이지요. 이를 보더라도 여성의 지위가 고려 시대보다 조선 시대에 더 높았다고 볼 수는 없습니다. '귀머거리 3년, 벙어리 3년, 장님 3년'이라는 말이 왜 나왔겠습니까? 그만큼 시집살이가 고되고 힘들었다는 뜻이지요.

판사　그럼 김씨의 며느리는 어떻게 되었습니까?

오자유 변호사　결국 인조 임금은 이혼을 인정할 수밖에 없었고, 김씨의 며느리는 쫓겨나고 말았습니다. 이렇게 유교 사회인 조선 시대라고 이혼이 없었던 것은 아니지만, 여자들이 자발적으로 이혼을 선택하는 것이 아니라 쫓겨나는 것에 불과했다는 것을 짚고 넘어가고 싶군요.

이대로 변호사　존경하는 판사님, 지금 원고 측 변호인의 논리는 일방적입니다. 칠거지악만 운운하고 삼불거(三不去)는 말하지 않는군요.

판사　삼불거는 또 무엇입니까?

이대로 변호사　칠거지악에 대한 일종의 구제책입니다. 젊어서부

수신제가치국평천하

『대학』에 나오는 말로, 자신의
마음과 행실을 닦아 수양하고 집
안을 바로잡은 뒤 나라를 잘 다
스리고 온 세상을 평안하게 한다
는 뜻입니다.

터 함께 고생한 조강지처와 부모의 3년상을 치른 아내, 늙고 의지할 데 없는 아내와는 이혼할 수 없도록 한 것이지요. 하나의 예로, 세종 대왕은 신하인 이맹균이 아들을 낳지 못한 아내를 쫓아내자 그를 파직하고 귀양을 보냈습니다. 아내의 자리를 왕까지 나서서 보호해 준 것이지요. 그러니 조선의 유교 윤리를 너무 나쁜 것으로 매도하지는 말았으면 합니다. 그리고 예나 지금이나 이혼이라는 것은 결코 있어서는 안 되는 일입니다. '수신제가치국평천하(修身齊家治國平天下)'라는 말도 있지 않습니까? 남자는 모름지기 가정을 잘 다스려야 나라도 잘 다스릴 수 있는 겁니다.

오자유 변호사 뭐 그 말씀은 전적으로 동의합니다만, 그렇지 않은 경우도 있었지요. 피고 측 변호인이 말한 세종 대왕은 조선을 훌륭하게 다스렸지만 두 번이나 며느리를 쫓아냈으니까요.

판사 그런 일도 있었나요?

오자유 변호사 네. 그 일은 세종 대왕의 며느리였던 세자빈 봉씨를 증인으로 불러 자세히 알아보는 것이 좋을 것 같습니다. 허락해 주시기 바랍니다.

판사 허락합니다. 세자빈 봉씨는 증인석으로 나와서 증인 선서를 해 주세요.

세자빈 봉씨 나는 이 법정에서 오직 진실만을 말할 것을 맹세합니다.

오자유 변호사 증인으로 나온 세자빈 봉씨는 세종 대왕의 며느리이자 문종의 세자 시절 부인이 맞습니까?

세자빈 봉씨   네. 나는 문종이 세자 시절에 두 번째로 맞은 부인입니다. 첫 번째 부인은 김씨였는데 남편인 문종이 전혀 관심을 주지 않자 남자에게 사랑받는 요상한 술법을 사용하다가 발각되어 쫓겨났다고 해요.

오자유 변호사   증인이 결혼할 무렵 세자였던 문종은 불과 열네 살이었다고 들었습니다. 결혼하기에는 너무 이른 나이 아닌가요?

세자빈 봉씨   조선 시대에는 그 나이면 거의 결혼을 했지요. 시아버지인 세종 대왕은 나와 세자의 사이가 좋지 않자 세 명의 후궁을 더 맞이하도록 했습니다.

오자유 변호사   그럼 그 후에 세자와의 사이는 어떠셨습니까?

세자빈 봉씨   세자와 사이가 좋았다면 내가 쫓겨났겠어요? 세자 시절 문종은 학문만 좋아하고 여자를 좋아하지 않았어요. 그는 매일 공부만 했고, 나는 궁궐에 갇혀서 힘든 나날을 보내야 했지요. 늘 혼자였던 나는 외로워서 견딜 수가 없었습니다.

오자유 변호사   증인이 시아버지인 세종 대왕의 눈 밖에 난 이유는 무엇인가요?

세자빈 봉씨   내가 세자빈이 된 이후로 시아버지는 나에게 매일 『열녀전』을 읽으라고 했어요. 그런데 그 책을 읽어 보니 정말 말도 안 되는 얘기만 적혀 있더군요. 그 책에 적힌 내용을 따르며 사는 것은 도저히 용납할 수 없는 일이었어요. 아무리 조선이 유교 중심의

『열녀전』

중국에서 유래한 『열녀전』은 여자들에게 유교적인 가르침을 주기 위해서 쓰여진 책으로, 위험에 처해서도 죽음을 무릅쓰고 지조를 지킨 여자들에 대한 기록입니다.

국가라고는 하지만 『열녀전』에 있는 내용을 억지로 강요할 수는 없다고 생각했기 때문이지요. 그래서 『열녀전』을 읽은 지 며칠 만에 정원에다 던져 버렸지요.

오자유 변호사　　그 소식을 들은 세종 대왕이 가만히 있었나요?

세자빈 봉씨　　시아버지는 내가 『열녀전』을 읽지 않자 아예 다른 책도 보지 말라고 했어요. 여자가 글을 알면 정치에 관여하게 된다는

　　왜 조선 시대 여성은 재혼을 하지 못했을까?

이유였지요. 하지만 『열녀전』은 읽으라고 하면서 다른 공부는 하지 못하도록 하는 것은 정말 불공평하다고 생각했어요. 그래서 너무 답답한 마음에 매일 술을 마시게 되었고 결국 술을 끊을 수 없게 되었답니다. 이를 알게 된 시아버지는 나를 미워하기 시작했어요. 하지만 내가 이렇게 된 것은 다 시아버지 때문이라고 생각해요.

오자유 변호사　그렇군요. 저의 신문은 여기까지입니다.

판사　그럼 이제 피고 측 변호인, 신문을 시작하시죠.

이대로 변호사　음. 제가 듣기로는 증인이 술이 과하여 궁궐에서 술주정까지 했다고 들었는데, 세자빈으로서는 너무 심한 행동 아니었나요?

세자빈 봉씨　술이라는 게 뭐 남자만 마실 수 있는 것인가요? 그리고 세자가 공부만 하고 나를 매일 외롭게 만드니까 외로운 마음을 달래려고 마신 거예요. 게다가 나 말고 다른 후궁까지 있으니 질투심이 불타올라 견딜 수가 없었어요. 그리고 남편인 세자가 나를 멀리한 것도 잘못 아닌가요? 나는 그저 남편이 그리워서 술을 마신 것뿐인데, 아내로서 도리를 다하지 못했다는 이유로 쫓겨난 것은 너무 불공평하다고 생각해요.

이대로 변호사　존경하는 판사님, 조선의 역사에서 세종 대왕은 가장 위대한 군주입니다. 증인이 잘못한 일이 얼마나 많았으면 세종 대왕이 그렇게까지 했겠습니까?

오자유 변호사　판사님, 지금 피고 측 변호인은 증인을 몰아세우고 있습니다.

판사 　인정합니다. 피고 측 변호인은 주의해 주세요.

이대로 변호사 　네. 그럼 증인 세자빈 봉씨에 대한 신문은 여기까지 하겠습니다.

　　이대로 변호사의 신문이 끝나자 세자빈 봉씨는 아직도 속상하다는 표정으로 증인석에서 내려왔다. 지금까지의 이야기를 가만히 듣고 있던 성종이 지그시 감았던 눈을 뜨며 이대로 변호사를 바라보았다. 이를 본 이대로 변호사는 바로 판사에게 성종의 이야기를 들어 볼 것을 요청하였다.

　왜 조선 시대 여성은 재혼을 하지 못했을까?

3

성종은 왜
어우동을 죽였을까?

성종이 자리에서 일어나자 방청석이 술렁이기 시작했다.

"드디어 조선의 위대한 임금, 성종이 나서는구나!"

"이름도 없는 백성에게 고소를 당해서 얼마나 황당했겠어!"

"마주 대하는 것도 불쾌해서 지금까지 지켜보기만 했다잖아."

"무슨 말을 할지 너무 기대가 되는데."

판사　자, 다들 정숙해 주시기 바랍니다. 그럼 피고 성종은 먼저 간
단히 자기소개를 해 주시지요.

성종　▶나는 조선의 제9대 왕이었소. 세조 임금의 손자로 어머니
는 소혜 왕후였다오. 1469년, 열세 살의 나이로 왕위에 올라 선왕이
신 세종과 세조가 이룩한 업적을 기반으로 빛나는 조선의 문화를 꽃

홍문관

조선 시대에 궁중의 경서나 문서를 관리하고 왕의 자문에 응하는 일을 하던 관청을 말합니다.

피웠죠. 국가 제도의 기반이 되는 『경국대전』을 완성하여 1485년에 시행하였고, 세종 임금 때에 있었던 집현전이 사라지자 이에 해당하는 홍문관을 설치하여 많은 인재를 길러 냈다오. 조선 전기의 문물제도는 내가 임금일 때 거의 대부분이 완성되었다고 해도 과언이 아니지요. 그런 내가 이런 자리까지 나와야 한다는 사실이 심히 불쾌했으나 여러 백성 앞에서 결백하다는 것을 증명하고자 어쩔 수 없이 나왔다는 것을 알아주시오.

판사   그 심정은 이해하지만, 왕이라도 문제가 생기면 법정에 서야 하는 것이 역사공화국의 법이지요. 그럼 피고를 고소한 원고 측에서 먼저 신문하는 것이 좋겠네요.

오자유 변호사   네. 피고 성종은 원고인 함양 박씨를 만난 적이 없을 것입니다. 원고는 피고보다 300년 이후의 시대를 살았기 때문입니다.

성종   허허, 나보다 300년 뒤에 살았던 사람이 왜 나 때문에 피해를 입었다는 것인지 도무지 이해할 수가 없군. 게다가 감히 아녀자가 임금인 나를 상대로 소송을 벌이다니, 무엄한지고!

오자유 변호사   그럼 피고의 잘못이 무엇인지 알려 드리겠습니다. 피고는 조선을 다스릴 때 과부들이 재혼할 수 없도록 하는 법을 만들어 법전인 『경국대전』에 실었던 것으로 압니다. 그 이후로 수많은 과부들이 재혼하지 못했고, 심지어 함양 박씨처럼 죽은 남편을 따라 자결하는 여인네들이 생겨나게 되었습니다. 인정하십니까?

성종   아, 그 일이라면 지금 돌아봐도 내가 참 잘했다고

교과서에는

▶ 성종은 건국 이후의 문물 제도의 정비를 마무리 지었어요. 홍문관을 두어 관원 모두에게 경연관을 겸하게 함으로써 집현전을 계승하였고, 『경국대전』의 편찬을 마무리하여 널리 알림으로써 조선 사회의 기본적인 통치 방향과 이념을 제시하였지요.

생각하오. 내가 나라를 다스릴 때만 해도 아녀자들이 외출을 마음 대로 하고 남편이 죽으면 다른 남자한테 다시 시집가는 것이 쉬운 일이었지요. 하지만 조선은 유교 국가가 아니오? 나는 왕으로서 이를 바로잡기 위해 아녀자들이 지켜야 하는 윤리를 바로 세워야 했소. 여자들의 재혼은 집안의 가계마저 흔들 수 있는 문제였기 때문이오.

오자유 변호사 그렇군요. 하지만 '자식도 없는 젊은 과부들은 재혼할 수 있도록 하자'는 주장까지 묵살한 것은 무슨 이유입니까?

성종 한번 물꼬를 터놓으면 강둑이 무너질 수 있는 법이오. 젊은 과부들이 재혼할 수 있도록 하면, 늙은 과부나 자식 있는 과부들도 너 나 할 것 없이 다 재혼하겠다고 할 것이오. 큰 것을 위해 작은 것을 희생시키는 것은 어쩔 수 없는 선택이었소. 나라를 다스리는 입장에서 백성의 요구를 일일이 다 들어줄 수는 없는 노릇이니까. 나같은 입장에 있었던 사람이 여기 한 사람도 없으니 나의 뜻을 제대로 이해할 수가 없을 것이오.

오자유 변호사 피고는 부인만 열두 명에 이르렀습니다. 그렇다면 피고도 마찬가지로 어린 나이에 과부가 되어 홀로 외롭게 살아야 했던 여자들의 심정을 이해할 리가 없겠지요. 피고에게 다시 묻겠습니다. 당시 피고는 재혼 금지법을 제정했을 뿐만 아니라 어우동이라는 여성을 사형시켜 큰 파장을 일으켰는데요, 맞습니까?

성종 흠, 어우동을 사형시키라는 명을 내린 것은 인정하오. 하지만 그것도 다 이유가 있었지요. 그런데 어우동이 사형당한 것과 이 사건이 무슨 관련이 있다는 거요?

오자유 변호사　분명 관련이 있지요. 피고가 조선을 다스렸던 시기에 여성에 대한 국가 정책에 큰 변화가 있었습니다. 당시 피고는 어우동을 사형시켜 자유분방한 여성들에게 경종을 울리고자 함으로써 세상을 떠들썩하게 만들었지요. 하지만 피고의 처사는 매우 부당했습니다.

원고 측에서 어우동 이야기를 꺼내자 방청석에 있던 남자들이 저마다 한마디씩 시작하였다.

"어우동이라면 조선 최대의 스캔들을 일으킨 여자 아니야?"

"열녀와는 정반대의 여자인데, 당시 남자들한테 인기가 무척 많았다고 하더군."

"그런 여성을 사형시키다니, 성종이 뭐라고 하는지 한번 들어나 봅시다!"

판사　원고 측 변호인은 어우동이라는 여성에 대해 잠시 소개해 주시지요.

오자유 변호사　어우동은 15세기 중반에 양반 가문에서 태어난 여성으로, 효령 대군의 손자인 태강수 이동과 혼인하였지요. 『성종실록』을 보면 행실이 아주 나쁜 여자로 기록되어 있는데, 이는 남편이 있는 여자의 몸으로 다른 남자를 만나 사귀었기 때문입니다. 하지만 어우동의 남편 이동이 기생 연경비를 사랑하여 그녀를 집에서 내쫓았다는 사실은 전혀 밝히지 않았지요. 그저 어우동이 다른 남자를 만난 사실만 세상에 알려 가혹한 처벌을 내린 것입니다. 그녀를 처벌하기 전에 남편의 죄도 함께 물었어야 하지 않나요?

성종 조선 시대에 남자가 기생을 만난 것이 무슨 큰 죄가 되었다는 말이오?

오자유 변호사 지금 그 생각 자체도 문제가 있다는 이야기를 하는 것입니다. 게다가 당시의 법으로 간통죄를 저질렀을 때 받을 수 있는 처벌은 곤장 100대였습니다. 그런데 피고가 어우동을 사형시킨 것은 지나쳤다고 생각하지 않습니까?

이대로 변호사 판사님, 이의 있습니다. 당시 양반 여성들은 국가 기강을 위해 일반인보다 더 무겁게 처벌받기도 했습니다. 원고 측은 마치 어우동이 부당하게 사형을 당한 것으로 몰아가고 있습니다.

판사 그렇다면 피고의 이야기를 들어 보도록 하지요.

성종 그때 내가 어우동을 사형에 처한 것은 조선의 윤리와 도덕을 땅에 떨어뜨린 죄인이므로 뒷사람에게 본보기가 되도록 하기 위함이었소. 만약 그때 그렇게 하지 않았다면 조선 사회는 풍속이 혼란스러워져서 금방 망했을 것이오. 로마의 역사를 한번 보시오. 윤리와 도덕이 무너지니까 결국엔 나라가 망해 버리지 않았소? 조선이 무려 500여 년 동안 지속될 수 있었던 것은 이러한 윤리와 도덕을 바로 세웠기 때문임을 부인해서는 안 될 것이오.

오자유 변호사 좋은 말씀 해 주셨는데요, 그렇다면 윤리와 도덕은 여자만 지켜야 하는 것인가요? 당시 영의정이었던 정창손은 어우동

의 사형을 반대했습니다. 규정된 법을 넘어서 엄한 벌을 사용하는 것은 옳지 못하다는 이유에서였습니다. 그럼에도 사형을 강행한 것은 왕권을 남용한 것 아닙니까?

성종 전혀 그렇지 않소. 사실 고려 말부터 여자들의 풍기문란이 큰 문제가 되었는데, 어우동 사건을 통해 이를 바로잡고자 했던 것뿐이오.

오자유 변호사　　　제가 알기로는 세종 대왕 때도 이와 비슷한 사건이 있었지요. 감동이라는 여성의 바르지 못한 행실이 문제가 되었는데, 세종 대왕은 감동을 죽이지 않고 노비로 만드는 것으로 사건을 해결했습니다. 사형까지 시킬 죄는 아니었다는 뜻입니다. 이와 같은 사례에서 보듯이 어우동은 법에 정해진 것보다 큰 벌을 받았음이 분명합니다.

이대로 변호사　　　어우동이 억울하게 죽은 것이라는 명백한 증거가 있습니까?

오자유 변호사　　　물론입니다. 당시 어우동의 죄상은 낱낱이 파헤쳐졌으나 그와 관계된 양반 남자들은 모두 풀려났고 심지어 다시 관직에도 진출하였습니다. 이는 어우동의 천한 행동 때문에 오히려 뜻있는 선비들이 큰 피해를 입은 것이라고 여겼기 때문입니다. 다시 말하면, 당시의 법이나 사회 윤리가 옳고 그름의 판단에서 실행된 것이 아니라 남녀에 따라 달리 적용되었다는 것입니다. 결국 여자인 어우동만 억울하게 죽임을 당한 것이지요. 사람들도 이를 알았는지, 어우동이 형장으로 끌려갈 때 그녀의 처지를 불쌍하게 생각하여 많은 사람이 눈물을 흘렸다고 합니다. 조선이라는 나라가 추구한 이념 때문에 어우동이 억울한 죽음을 맞이했기 때문이지요.

이대로 변호사　　　판사님, 이는 원고 측 변호인의 억지 주장에 불과합니다. 성종이 어우동을 처벌하지 않았다면 조선 여자들의 나쁜 행실은 고쳐지지 않았을 것입니다. 실제로 어우동을 **일벌백계**한 효과는 엄청났습니다. 그 사건 이후 어우동같이 행실이 나쁜 여자들이 사라

> **일벌백계**
> 한 사람을 벌주어 100 사람에게 잘못을 가르친다는 뜻으로, 다른 사람들에게 경각심을 불러일으키기 위해서 본보기로 한 사람을 엄하게 처벌하는 것을 말합니다.

겠으니까요. 어우동을 사형에 처한 것은 나라를 잘 다스리고자 했던 성종의 깊은 뜻이 담긴 결정이었습니다. 이 점을 헤아려 주시기 바랍니다.

오자유 변호사 ▶조선 시대 남자들은 아내 외에도 기생을 만날 수 있었고 첩을 얻어서 살 수도 있었습니다. 이는 자손을 많이 낳아야 된다는 이유로 남자들이 아내 외에 다른 여자들을 만나는 것에 관대했기 때문이지요. 반면에 여자들은 남편이 죽어도 재혼하기 힘들었

왜 조선 시대 여성은 재혼을 하지 못했을까?

어요. 어우동이나 함양 박씨는 이렇게 불평등한 남녀 성 윤리의 희생자라고 볼 수 있습니다.『용재총화』를 쓴 성현이라는 분은 "왕이 풍속을 바로잡고자 어우동을 사형에 처하게 했는데 이것은 너무 심한 것이고, 멀리 귀양 보내는 것 정도가 타당했다"라고 했지요. 하지만 이러한 반대에도 불구하고 어우동을 사형에 처한 것은 피고의 선택이었습니다. 실제로 그녀가 죽은 뒤에 '성종이 어우동을 사형에 처한 것은 합당하지 않다'는 의견이 많았습니다. 조선 시대에 사형을 당하는 경우는 반역을 했거나 살인을 했을 때였습니다. 물론 어우동은 반역자도 아니고 살인범도 아니었기 때문에 죽임을 당할 이유가 없었지요. 이렇게 피고가 내세운 유교 윤리는 훗날 많은 여자들이 억압당하게 되는 원인이 되었습니다. 이것이 피고가 본 법정에 서게 된 가장 큰 이유라 할 것입니다.

이대로 변호사　　판사님, 나라를 잘 다스리고자 했던 피고의 입장을 헤아려 주시기 바랍니다. 피고는 일반 백성의 신분이 아닙니다. 그는 조선이라는 한 나라의 지엄한 왕입니다. 왕은 백성을 바른길로 나아가도록 이끌 책임이 있습니다. 당시만 해도 고려 말의 문란한 풍속이 여전히 남아 있었는데, 이런 나쁜 풍속을 바로잡아 백성을 바른 생활로 이끈 분이 바로 피고 성종입니다. 그런데 피고 때문에 함양 박씨가 억울하게 죽었다는 것은 너무 지나친 억지입니다.

판사　　양쪽 주장을 들어 보니 조선 시대가 남성 중심의 사회였던 것은 분명해 보입니다. 이번 재판에서는 조선

▶ 조선 시대의 혼인 형태는 일부일처제를 기본으로 하였지만 남자들은 첩을 들일 수 있었어요. 그러나 아내와 첩 사이에는 엄격한 구별이 있어서 첩의 자식인 서얼은 제사나 재산 상속 등에서 많은 차별을 받았지요.

시대의 유교 윤리와 결혼 풍속을 알아보았습니다. 본격적인 열녀에 관한 이야기는 다음 재판에서 다루기로 하고, 오늘은 이만 마치겠습니다.

땅, 땅, 땅!

왜 조선 시대 여성은 재혼을 하지 못했을까?

다알지 기자

　　함양 박씨와 성종의 두 번째 재판이 방금 끝났습니다. 오늘 재판에서는 고려 시대와 조선 시대의 결혼 풍속을 비교하며 당시에 여성들이 어떤 삶을 살았는지 자세히 알아보는 시간을 가졌습니다. 시대에 순응하며 억압된 삶을 살았던 여성들의 모습과, 반면에 이에 굴복하지 않고 자유로운 삶을 추구하다 사형을 당한 어우동과 같은 여인의 삶도 들을 수 있어서 유익했다는 방청객들의 제보가 이어지고 있습니다. 지금 막 법정을 나서는 이대로 변호사와 오자유 변호사를 만나 보도록 하겠습니다.

이대로 변호사

오늘 재판은 무척 힘들었습니다. 원고 측에 서 저희 피고를 파렴치한으로 몰고 갔거든요. 본 소송과 관련이 없다고 생각되는 어우동 사건까지 들 먹이면서 공격했습니다. 성종이 풍기를 단속한다는 차원에서 어우동 을 사형시킨 것은 왕으로서 어쩔 수 없는 선택이었다고 생각합니다. 때로는 본보기로 삼아서 사회의 기강을 바로 세워야 하는 일도 있기 때문입니다.

왜 조선 시대 여성은 재혼을 하지 못했을까?

오자유 변호사

여성을 비하하고 편견을 가지게 된 것은 조선
시대 여성 정책과 밀접하게 관련이 있다고 생각합
니다. 조선 시대는 완벽한 남성 중심의 사회였습니다. 그
런 사회에서 여성은 남성의 소유물일 따름입니다. 자의식 강한 여성이
살아남기에는 너무 힘든 사회였던 것이지요. 저는 이번 소송에서 함양
박씨의 억울함을 풀어 주고, 다시는 남자들이 여자들을 못살게 굴지
못하도록 할 것입니다.

여성의 삶의 흔적을 찾아서

시대에 따라 여성의 삶은 크게 달라져 왔어요. 특히 조선 시대에는 재혼이 어렵고 스스로 목숨을 끊어 열녀가 되는 것이 자랑일 정도로 구속받는 삶을 살았지요. '여성생활사박물관'에서 보관하고 있는 유물을 살펴보며 그네들의 삶을 한번 짐작해 볼까요?

북

조선 시대만 해도 많은 여성들이 집에서 베틀로 직접 천을 짰어요. 베틀에서 날실의 틈으로 왔다 갔다 하면서 씨실을 푸는 기구를 '북'이라고 해요. 북의 오목하게 팬 곳에 실을 감은 꾸리를 넣고 대쪽으로 얄팍하게 만든 북바늘로 덮어서 사용하였지요. 무명·삼베·모시 등을 짤 때는 대개 큰 북을 사용하고, 명주를 짤 때는 작은 북을 사용하기 때문에 작은 북을 명주북이라 한답니다.

나무 실패

바늘, 실, 골무, 헝겊 따위의 바느질 도구를 담는 그릇을 '반짇고리'라고 하지요.
실패도 반짇고리에 담긴 물건 중 하나예요. 바느질할 때 쓰기 편하도록 실을 감
아 두는 작은 도구이지요. 특히 사진 속 유물은 얇고 편편한 나무로 만들어진
나무 실패예요. 상류층에서는 나무에 문양을 새기거나 화각 장식·자개 장식
한 것을 주로 사용했고, 서민들은 투박하고 장식이 거의 없는 것을 사용했지요.
옷을 만들고 이불을 바느질해야 했던 옛날 여자들에게 실패는 꼭 필요한 도구
였답니다.

인두와 돌다리미

인두는 불에 달궈서 그 열로 천의 구김살을 펴는 재래식 바느질 도구예요. 사진에서 보는 것처럼 쇠로 만들어졌으며 바닥이 반반하고 긴 손잡이가 달려 있답니다.

다리미 역시 옷이나 천 따위의 주름이나 구김을 펴고 줄을 세우는 데 쓰였어요. 사진 속 유물은 돌로 만들어진 다리미로 뜨거운 것을 담아 그 열로 다림질하도록 되어 있답니다.

자물쇠

여닫게 되어 있는 물건을 잠그는 장치인 자물쇠는 여성들의 삶과 떼려야 뗄 수
없는 물건 중 하나였어요. 안방의 장과 농은 물론 뒤주 등의 가구에 자물쇠가
사용되었기 때문이에요. 자물쇠는 그 형태에 따라 종류가 나뉘어요. 사진 속 유
물 중 가운데에 있는 '대롱자물쇠'는 'ㄷ'자형을 기본으로 하고 있어요. 그리고
가장 위에 있는 '함박자물쇠'는 'ㄷ'자형을 기본으로 하되 앞면에 커다란 배꼽
형태의 반구체가 달려 있는 것이 특징이지요.

출처: 여성생활사박물관(www.womanlife.or.kr)

열녀문의 비밀

1. 박지원은 왜 『열녀함양박씨전』을 썼을까?
2. 조선 시대의 여자들은 왜 열녀가 되려고 했을까?
3. 조선 시대를 지배한 종법은 어떤 것일까?

박지원은 왜
『열녀함양박씨전』을 썼을까?

함양 박씨와 성종의 재판 마지막 날이 되었다. 이를 보기 위해 몰려든 사람들로 법정 안은 더욱 붐볐고, 어떤 판결이 내려질지 모두들 궁금해하며 이야기를 나누는 사이 재판이 시작되었다.

판사   자, 드디어 재판 마지막 날이군요. 오늘은 이 사건의 가장 중요한 주제인 열녀에 관해 이야기해 보도록 하겠습니다. 양측 변호인 중 어느 분이 먼저 하시겠습니까?

오자유 변호사   제가 먼저 하겠습니다. 지난 두 번의 재판을 통해서 조선 시대의 여성들이 얼마나 불합리한 대우를 받으며 살았는지 모두가 잘 아셨을 것이라 생각합니다. 남성 중심의 사회였기 때문에 결혼한 후에도 시집살이를 하며 힘든 나날을 보내야 했고, 말도 안 되는 이유로 시댁에서 쫓겨나기도 했지요. 게다가 남편이 죽은 후에는 평생 수절하며 지내거나 스스로 목숨을 끊어서 열녀가 되도록 강요받았습니다. 오늘 재판에서는 이러한 열녀의 이야기를 책으로 썼던 연암 박지원 선생을 증인으로 모시고자 합니다. 허락해 주십시오.

판사 허락합니다. 증인은 앞으로 나와 주세요.

박지원이 증인석으로 나오자 모두가 숨을 죽이며 지켜보았다. 증인 선서를 마친 박지원에게 판사가 자기소개를 부탁하였다.

박지원 ▶나는 조선 후기의 실학자로 호는 연암이오. 홍대용, 박제가 등과 함께 청나라의 문물을 배워야 한다고 주장하였고, 실제 생활에 도움이 되는 이용후생(利用厚生)의 실학을 강조하였지요. 1780년에 중국 베이징과 열하를 다녀와서 중국 여행기라 할 수 있는 『열하일기』를 썼어요. 그 외에도 여러 편의 한문 소설을 발표하였는데, 이를 통해 당시 양반 계층의 타락상을 고발하고 허위의식에 빠진 세태를 비판하였지요. 말이 조금 어렵나요? 허허, 내 입으로 자랑을 하는 것 같아서 조금 쑥스럽군요.

오자유 변호사 괜찮습니다. 증인은 또한 이번 재판의 주제가 되는 『열녀함양박씨전』을 쓴 것으로도 유명하신데요. 그럼 몇 가지 질문을 드리겠습니다. 증인은 『열녀함양박씨전』을 쓰기 전에 이미 다른 열녀전을 쓰신 것으로 알

이용후생
백성의 생활에 이롭게 쓰이고 삶을 넉넉하게 한다는 뜻으로 조선 후기의 실학자들이 강조한 이념입니다.

교과서에는

▶ 박지원은 청에 다녀와서 『열하일기』를 저술하고 상공업의 진흥을 강조하면서 수레와 선박의 이용, 화폐 유통의 필요성을 주장했어요. 또한 양반 문벌 제도에 대해서 비판하고, 농업 생산력을 높이는 데 큰 관심을 기울였답니다.

연암 박지원 초상화(실학박물관 소장)와
박지원의 산문을 묶은 『연암집』

고 있는데, 그에 대한 이야기를 먼저 들을 수
있을까요?

박지원 　　내가 열녀전을 처음 쓴 것은 서른 살
무렵이었어요. 그 뒤 15년쯤 지나서 두 번째
열녀전을 썼지요. 처음 지은 열녀전은 내 밑에
서 학문을 배우던 박경유라는 자의 누이가 남
편을 따라 자결하자 마을 사람들을 대표하여
쓰게 된 것이었소. 당시에는 열녀가 나온 가문
이 나라의 포상을 받기 위해서는 나 같은 양반
사대부 문인이 열녀의 행적을 글로 기록해 정
부에 제출해야 했지요. 아무래도 내가 양반인
데다가 글을 감동적으로 잘 쓰니까 이런 부탁
을 많이 받았지요. 허허.

오자유 변호사 　　그렇다면 증인이 쓴 열녀전 속의 주인공들은 국가
로부터 열녀 칭호를 받았나요?

박지원 　　그렇습니다. 내가 쓴 글에 근거하여 열녀의 시댁에는 열
녀문이 내려졌지요.

오자유 변호사 　　그러면 15년 뒤에 쓴 두 번째 열녀전도 같은 이유로
쓰게 되신 건가요?

박지원 　　아, 아닙니다. 그것은 아니에요. 박경유의 누이가 자결하
고 15년 뒤에 박경유가 병으로 죽게 되었어요. 그러자 그의 아내 이
씨가 15년 전 박경유의 누이가 자결했던 것과 똑같은 방법으로 자결

더 이상 불쌍한 아녀자들이 목숨을 끊지 않도록 해야겠어!

하고 말했지요. 나는 이씨의 자결 소식을 듣고 큰 충격을 받았어요. 내가 15년 전에 쓴 열녀전이 결과적으로 이씨의 자결을 부추긴 게 아닐까 싶었지요. 그리고 이런 풍속이 과연 정당한 것인가 고민하기 시작했습니다. 실제로 이씨 부인의 가족은 그녀가 자결할 것임을 알고도 모르는 척했어요. 이 얼마나 잔인한 풍속입니까? 그래서 나는 이 사건을 계기로 두 번째 열녀전을 쓰면서 죽음을 앞에 두고 고뇌하는 이씨 부인의 모습을 생생하게 묘사했어요. 열녀의 고통을 알리는 동시에 열녀 풍속에 대한 나의 고민을 담은 것이지요.

오자유 변호사　　그렇다면『열녀함양박씨전』은 어떻게 쓰게 되신 겁니까?

박지원　　그 책은 내가 안의 고을 현감으로 재직하던 1796년에 함양 박씨의 사망 소식을 듣고 쓴 것이지요. 그 당시 내 나이가 쉰일곱이었으니까 세상 이치를 어느 정도 깨달은 뒤였다고 할 수 있지요.

오자유 변호사　　안의 현감이었던 증인이 굳이 안의 고을이 아닌 함양에 사는 박씨의 이야기를 쓴 이유가 무엇입니까?

박지원　　물론 함양 박씨의 열녀전을 쓸 필요는 없었어요. 내가 다스리는 고을의 백성도 아니었고, 평소 친밀하게 알고 지내던 사이도 아니었으니까요. 더구나 열녀전을 쓰는 데 큰 회의를 느끼고 더 이상 열녀전을 쓰지 않으리라 결심하던 중이었지요. 그런데 어느 날 내가 다스리던 고을 아전의 조카딸이 자결했다는 소식을 들었어요. 그때 나는 확실히 다짐했지요. 이렇게 잔인한 열녀 풍속은 근절시킴이 마땅하다고요! 그래서 쓰게 된 책이 바로『열녀함양박씨전』이에요.

오자유 변호사　　증인의 이야기를 들어 보니 열녀 풍속에 대해 처음부터 비판적인 시각을 가진 것은 아니었군요?

박지원　　그렇습니다. 내가 처음 열녀전을 쓸 때만 해도 비난은커녕 목숨을 끊는 여성들의 놀라운 용기를 칭송했지요. 그러나 시간이 지날수록 내가 쓴 열녀전이 백성에게 잘못된 도덕관념을 확산시키는 것은 아닐까 하는 생각이 들더군요. 그래서 새로운 열녀전을 통해서 그 문제를 드러내고자 한 것입니다.

오자유 변호사　그렇군요. 그런데『열녀함양박씨전』은 어떻게 구성되어 있나요?

박지원　이 책은 두 개의 이야기로 구성되어 있어요. 책의 앞부분은 소설이고, 본론 부분은 전기 형식으로 되어 있지요. 그러니까 앞부분의 내용은 사실이 아닌 허구이고, 뒷부분의 이야기는 실제 열녀 함양 박씨에 대한 이야기인 셈이에요.

오자유 변호사　『열녀함양박씨전』에는 함양 박씨 외에도 이름 없는 늙은 과부의 이야기가 나오는데, 그 이야기를 함양 박씨의 이야기보다 먼저 쓴 이유가 무엇입니까?

박지원　그것은 늙은 과부의 입을 빌려서 수절하며 살았던 여인들의 고통스러운 삶을 이야기하고 싶었기 때문이에요. 당시 과부들은 아주 깊은 슬픔을 간직한 채 외롭게 살아가고 있었어요. 잠 못 이루는 괴로운 속마음을 어느 누구에게도 하소연할 수 없는 처지였지요.

　어느 날 이 늙은 과부는 평생을 잠이 안 올 때마다 굴려서 어느새 테두리가 다 낡아 버린 동전을 자식에게 보여 주지요. 어린 자식들만 남겨 두고 죽을 수 없었던 그녀에게는 그 낡은 동전이 괴로움을 견디는 부적과 같은 것이었어요. 이 사연을 들은 자식은 그 안타까운 이야기에 눈물을 펑펑 쏟지요.

오자유 변호사　수십 년을 수절한 늙은 과부야말로 열녀라고 할 수 있겠군요.

박지원　그렇지요. 하지만 조선 시대에는 이러한 열녀가 너무 흔해서 자결할 정도의 사연이 아니고서는 알려지지도 않았어요. 내가

이 늙은 과부의 이야기를 한 것은 바로 이러한 사실을 깨우쳐 주기 위해서였지요.

오자유 변호사　　그렇군요. 제가 알기로는 열녀전이 우리나라에만 있었던 것은 아니라고 하던데, 열녀전을 처음 쓴 사람이 누구인지 아십니까?

박지원　　처음 동양에서 열녀전을 쓴 사람은 중국 전한 시대 유학자인 유향이라는 분이지요. 중국은 한나라 때 유교가 국교로 채택된 후로 가장인 남성이 가족에 대하여 절대적인 권력을 가지는 가부장적 윤리관이 생겨나기 시작했어요. 그러한 상황에서 쓰인 유향의 『열녀전』은 그 시대에 유교적 여성의 이미지를 만드는 데 결정적인 영향을 끼쳤지요.

오자유 변호사　그러니까 유교적 가치관을 확산시키기 위해 만들어진 것이 열녀전이라는 말씀이군요. 그렇다면 우리나라에서는 언제부터 열녀전이 쓰인 것입니까?

박지원　열녀전이 우리나라에 들어온 것은 고려 말에 성리학이라는 유교 사상이 전래되면서부터이지요. 조선 시대에는 『삼강행실도』와 같은 책에서 다양한 형태의 열녀의 삶이 소개되었어요. 또한 중종 때는 한문 대신 한글로 쓰인 열녀전이 출판되기도 했어요. 더 많은 여성들이 이 책을 읽도록 하기 위한 조치였지요. 그리하여 조선 후기에는 열녀전의 수가 기하급수적으로 증가하였는데, 이에 따라 열녀전에 실린 이야기도 대부분 남편을 위해 대신 죽거나, 아니면 먼저 죽은 남편을 따라 목숨을 끊는 여성들의 이야기로 바뀌게 되었어요. 남성 중심의 사회 질서에 순응하는 여성상을 그린 결과라고 볼 수 있지요.

오자유 변호사　그렇군요. 그럼 잠시 제가 최근에 읽었던 책의 한 구절을 소개하고자 합니다. 그 책에 의하면 중국에서도 정절을 지키기 위해 자결한 여성들이 있었는데, 주로 명나라와 청나라 때 그 수가 크게 증가했다고 합니다. 이 시기를 연구해 보면 과거 시험을 통해 관직에 나아가는 경쟁이 아주 치열했던 때임을 알 수 있는데, 이로 인해 남자들이 받는 정신적 고통이 심했다고 합니다. 강력한 황

제 밑에서 끊임없이 억압당했던 신하들은 급기야 자신의 괴로움을 조금이라도 떨쳐 내고자 정절을 지키기 위해 스스로 목숨을 끊은 여성들을 찬양하고, 그런 여성들의 일대기를 기록한 열녀전을 써서 대리 만족을 얻었다고 합니다. 생각해 봅시다. 열녀전을 쓴 작가들이 누굽니까? 열녀전을 쓴 작가는 여성이 아니라 남성이었습니다. 남성 작가들은 과부가 괴로워하는 장면을 묘사함으로써 마치 자신이 실제로 이 광경을 보고 있는 것 같은 긴장감을 느꼈고, 이를 통해 현실의 근심을 덜었다고 합니다. 그녀들을 도덕적으로 찬양하면서 이를 통해 대리 만족을 느꼈던 것입니다.

오자유 변호사가 분노에 찬 표정으로 남자들을 바라보았다. 이를 지켜보던 이대로 변호사는 더는 참을 수 없다는 듯이 자리에서 벌떡 일어나서 판사를 향해 이의를 제기했다.

이대로 변호사　　원고 측 변호인의 이야기를 계속 듣고 있으려니 참으로 황당하기 그지없군요. 신성한 법정에서 그런 궤변을 늘어놓다니요!

오자유 변호사　　그럼 여기서 열녀전의 주인공이었던 원고 함양 박씨의 이야기를 들어 보는 것이 좋겠군요. 원고는 자결하기 전에 죽음에 대한 갈등이 없었나요?

함양 박씨　　나도 인간인데 왜 갈등이 없었겠습니까? 하지만 그 당시에는 그럴 수밖에 없었어요. 솔직히 말하면 과부로서 살아갈 고통스러운 날에 대한 두려움 때문이었지요. 열녀전에는 여자들이 죽은 남편에 대한 도리를 다하기 위해 자결한 것처럼 기록되어 있지만 실상은 아니라고 생각해요. 나처럼 나이 어린 과부가 혼자 살아가는 것은 친척들에게 폐가 되는 일이었고, 때로는 괜스레 행실이 좋지 않다고 비난받으며 주변 사람들의 입에 오르내리기도 했어요. 그럴 바에야 차라리 빨리 세상을 떠나는 것이 낫다고 생각했어요. 흑흑.

오자유 변호사   그렇군요. 법정에 계신 여러분, 원고가 죽은 뒤 벌써 많은 세월이 흘렀습니다. 지금 세상에 남편이 죽었다고 해서 따라 죽는 것이 아내의 도리라고 생각하는 사람이 몇이나 있습니까? 원고는 그런 말도 안 되는 세상에 살았습니다. 하지만 이제 세상이 달라졌으니 열녀 칭호를 반납하고자 하는 것입니다. 그것은 분명 잘못된, 암암리에 강요된 선택이었으니까요. 원고가 왜 이런 소송을 내야만 했는지 잘 헤아려 주시기 바랍니다. 이상입니다.

『삼강행실도』와『내훈』

세종 대에 진주에서 자식이 아버지를 살해하는 사건이 일어나자 세종은 무너진 윤리를 되살리고자 했습니다. 그리하여 집현전 학자들을 중심으로 충신, 효자, 열녀의 사례를 수집하게 하고 이를 바탕으로 백성을 가르치기 위한 목적의 윤리 교과서를 펴내게 했는데, 이것이 곧『삼강행실도』입니다.

'충신 편', '효자 편', '열녀 편'의 3부로 구성된 이 책이 출판되자 세종은 서울과 각 지방에 나누어 주어 백성들이 볼 수 있도록 하였습니다. 당시 백성들 대부분이 한자를 몰랐기 때문에 그림을 붙여서 내용을 파악할 수 있도록 했답니다. 하지만『삼강행실도』가 대중적으로 읽히게 된 것은 성종 때입니다. 원본의 내용을 요약하고 그것을 한글로 번역하여 출판하였지요. 물론『삼강행실도』가 처음에는 좋은 취지에서 만들어졌으나, 한편으로는 유교적 위계질서를 세우고자 한 지배층의 목적이 담겨 있다고 볼 수도 있답니다.

이와 마찬가지로 성종의 어머니였던 소혜 왕후가 쓴『내훈』이라는 책도 살펴볼 필요가 있어요. 이 책은 여성 교육에 필요한 대목을 간추린 교훈서로서 열녀에 관한 내용도 포함되어 있지요. 성종 때는 사회적으로 유교 이념을 확산시키고자 하는 분위기였는데, 이를 위해서는 여성들에 대한 교육도 필요했어요. 당시에는 재혼한 여자의 자손들은 벼슬길에 나올 수 없게 하는 등 법을 통해서 여성들을 규율하였는데,『내훈』은 바로 이런 분위기 속에서 만들어진 책이랍니다.

2

조선 시대의 여자들은
왜 열녀가 되려고 했을까?

이대로 변호사　　판사님, 조선 시대라고 순수한 사랑이 없었던 것은 아닙니다. 원고 측 변호인은 남편을 따르고자 했던 수많은 여성들을 모욕하고 있습니다. 굳이 잘못을 들라면 그녀들이 남편을 사랑했다는 것밖에 없습니다. 나라가 강요했다느니 책을 만들어 세뇌시켰다느니 하는 주장으로 일반화시키는 것은 문제가 있다고 생각합니다. 이를 증명하기 위해 증인을 한 명 모시고자 합니다.

판사　　좋습니다. 증인은 나와 주시기 바랍니다.

　판사의 말이 끝나자 법정을 가로지르며 다소곳한 표정의 화순 옹주가 걸어 나왔다. 방청객들의 눈이 화순 옹주에게 쏠렸다. 작고 가느다란 목소리로 증인 선서를 마친 화순 옹주에게 이대로 변호사가 질문을 시작했다.

이대로 변호사　증인은 간단히 자기소개를 해 주시기 바랍니다.

화순 옹주　나는 조선의 제21대 왕이었던 영조와 정빈 이씨 사이에서 장녀로 태어났어요. 1732년에 월성위 김한신과 결혼하였는데 1750년에 남편이 먼저 죽고 말았어요. 그래서 슬픔에 잠긴 나머지 죽기를 결심하고 그때부터 물 한 모금 마시지 않았지요. 아바마마께서 찾아와 손수 미음을 권하기도 했지만 끝내 이를 뿌리치고 14일만에 남편을 따라 죽었답니다.

이대로 변호사　증인은 평소 행실이 바르고 부부 사이 또한 매우 좋았다고 들었습니다. 아름답고 착한 옹주로 부친인 영조의 사랑을 많이 받았겠군요?

화순 옹주　네. 아바마마께서는 나를 끔찍하게 아끼셨지요. 하지만 내가 먼저 죽는 바람에 큰 불효를 저질렀어요. 흑흑. 아바마마께는 늘 죄송한 마음뿐이에요.

이대로 변호사　증인은 열녀문을 하사받은 것으로 아는데, 영조 임금이 내린 것입니까?

화순 옹주　아니에요. 영혼 세계에서 들으니 아바마마는 내가 부모보다 먼저 죽은 불효 자식이라며 열녀문을 내릴 수 없다고 하셨지요.

이대로 변호사　그럼 누가 열녀문을 하사한 것입니까?

화순 옹주　조카인 정조 임금이 하사한 것이지요. 현재 그 열녀문은 남편의 집이 있던 충남 예산군 신암면에 있어요.

이대로 변호사　그렇군요. 이번 소송을 제기한 열녀 함양 박씨처럼 증인도 열녀문을 받으셨는데, 혹시 열녀가 된 것이 억울하다는 생각을 해 보신 적 있습니까?

화순 옹주　억울하다니요? 남편이 죽으면 그를 따라 죽는 것은 아내의 당연한 도리입니다. 그런데 열녀문까지 받았으니 죄송할 따름이지요. 난 원고가 왜 이런 소송을 제기했는지 이해할 수 없어요. 결국 다 본인의 선택 아닌가요?

화순 옹주의 열녀문

이대로 변호사   판사님, 증인의 증언에서 보듯이 조선 시대에 열녀
가 되는 것은 본인의 선택이었습니다. 누가 억지로 시킨 것이 아니
었다는 말이지요. 화순 옹주의 부친인 영조는 화순 옹주가 죽지 않
기를 누구보다 원했으나 죽음을 결심한 화순 옹주의 마음을 돌릴 수
는 없었어요. 그 누구도 화순 옹주에게 열녀로 살아야 된다고 강요
하지 않았지만 남편에 대한 사랑으로 그런 선택을 했던 것입니다.

   이대로 변호사는 만족스러운 미소를 지으며 오자유 변호사를 바
라보았다. 그러자 오자유 변호사가 기다렸다는 듯이 자리에서 일어
나 입을 열었다.

왜 조선 시대 여성은 재혼을 하지 못했을까?

오자유 변호사   제가 아는 바에 따르면 증인의 남편인 김한신이 사도 세자와 말다툼을 하다가 사도 세자가 던진 벼루에 맞은 후 병이 나서 죽었다는 이야기가 있습니다. 혹시 증인이 식음을 전폐한 것이 이 사건과 연관된 것은 아닙니까?

이대로 변호사   판사님, 이의 있습니다. 원고 측 변호인은 사실 확인도 안 된 내용으로 증인을 몰아세우고 있습니다.

판사   원고 측 변호인, 이 말이 사실입니까?

오자유 변호사   확인된 것은 아니지만 당시에 돌았던 풍문입니다. 남편인 김한신이 너무도 갑작스럽게 죽는 바람에……

판사   원고 측 변호인은 객관적인 사실만 가지고 이야기하시기 바랍니다.

오자유 변호사   알겠습니다. 흠흠. 그럼 증인이 받았던 열녀문에 대해서 자세히 이야기해 보도록 하겠습니다. 조선 시대에는 사회 기강이 혼란스러울 때 이를 바로잡기 위해서 충신이나 효자, 열녀에 대해 상을 주는 일이 많았습니다. 그중에서도 열녀문은 가문의 위상을 높이고 남성 중심의 사회를 만드는 데 큰 역할을 했지요.

이대로 변호사   상은 그것을 받을 만한 사람에게 주는 것입니다. 피고 측 변호인은 사회 기강을 바로잡기 위해 나라에서 쉽게 상을 주었다는 것입니까?

오자유 변호사   많은 사람들이 스승이나 조상의 업적을 미화시키거나 과시하기 위해서 열녀문을 이용하였습니다. 게다가 열녀문이 신분 상승의 한 수단이 되기도 했다는 사실을 정말 모르는 것입니까?

이대로 변호사　열녀문은 죽은 열녀를 기리는 것입니다. 그것이 무슨 신분 상승을 가져다준다는 것입니까?

오자유 변호사　조선 후기에는 사회와 경제가 발달하면서 신분제가 많이 해체되어 갔지요. 양반들은 신분을 유지하기 위해 조상들의 업적을 미화시켰고, 돈을 많이 번 평민들은 신분을 높이기 위해 여러 가지 방법을 찾았습니다. 이쯤 되면 다들 예상하시겠지요? 자기 조상이 열녀문을 받도록 하여 가문의 영광을 얻고, 이로써 신분 상승을 노리는 사람들이 많았다는 사실을 말입니다. 물론 족보를 사들이는 일도 비일비재했지요.

이대로 변호사　그렇지 않습니다. 조선 후기에 열녀문이 많이 증가한 것은 조선 초기부터 백성에게 유교적인 윤리를 가르친 것이 결실을 보게 된 것입니다. 물론 열녀가 되면 국가에 내는 세금이나 부역을 면제받는 등의 혜택이 있었던 것은 사실입니다. 그러나 화순 옹주는 그런 혜택이 필요 없는 높은 신분이었어요. 그러니 그런 혜택 때문에 여자들이 열녀가 되었다는 것은 말이 안 되는 것이지요.

오자유 변호사　물론 화순 옹주의 죽음은 전무후무한 왕실의 도덕적 행위로 높이 평가받았습니다. 또 화순 옹주처럼 사모의 마음으로 남편의 뒤를 따르는 여자들도 있었을 겁니다. 그러나 우리가 여기서 놓치지 말아야 할 것은, 조선 시대의 여자들이 원했던 것이 바로 이 도덕적 찬양이었다는 사실입니다. 열녀문을 받으면 여자도 높은 평가를 받을 수 있었기 때문에 그 안에 담긴 다른 뜻은 생각하지 못했지요. 다시 말해 열녀문이 여성을 통제하는 수단이었음을 미처 알지 못했던 것입니다. 그저 남자들처럼 도덕적 인격체로 대우받고자 하는 열망이 화순 옹주를 비롯한 많은 여성들을 열녀의 길로 내몰았던 것입니다.

이대로 변호사　오랜만에 맞는 이야기를 하는군요. 결국 여자들이 스스로 원해서 선택한 길인데 뭐가 문제라는 것입니까?

오자유 변호사　저의 주장을 끝까지 들어 보시기 바랍니다. 얼마 전 지상 세계 대한민국에서는 마흔 살의 몸짱 아줌마가 나타나서 화제가 되었지요. 그 여성은 두 아이의 엄마라는 것이 믿기지 않을 만큼 멋진 몸매를 가지고 있었는데, 많은 아줌마들이 그 여성을 열망하며 부러워했어요. 바로 이 열망이 조선 시대에 열녀가 되고자 했던 여성들의 마음과 같은 것이라면 이해가 될까요?

이대로 변호사　도대체 그게 열녀와 무슨 연관이 있다는 건가요?

오자유 변호사　어찌 보면 전혀 상관이 없는 주제인 것 같지만 분명히 관련이 있습니다. 과거에는 여성에 대한 도덕적 기준이 높았기 때문에 궁극적으로 열녀를 지향했던 것이고, 오늘날에는 건강하고 매력이 넘치는 여성이 인정받는 세상이기 때문에 너도나도 몸짱이 되고자 노력하는 것이지요. 여기서 우리는 인정받고자 하는 여성들의 공통된 열망에 집중할 필요가 있습니다.

"맞아. 요즘은 몸짱이 대세잖아."

"몸짱? 그게 뭐야?"

"몸매가 좋은 사람을 몸짱이라고 부르잖아. 얼굴이 예쁜 사람을 얼짱이라고 하는 건 알지? 같은 맥락이야."

"아, 그래서 다들 다이어트 하고 운동하느라 난리구나."

방청석이 잠시 술렁거리자 이대로 변호사의 얼굴에 불안한 빛이 스쳐 갔다. 이 기회를 놓칠세라 오자유 변호사는 다시 힘찬 목소리로 변론을 이어 갔다.

오자유 변호사   여자들의 이런 욕망은 알고 보면 모두 시대가 만들어 낸 여성상을 좇는 것에 지나지 않습니다. 결국 허상일 뿐이지요. 게다가 조선 후기에는 열녀문이 남발되었다는 것에 주목할 필요가 있습니다. 실제로 조선 왕조 말기에는 열녀의 행적에 상관없이 돈을 주면 나라가 열녀 증명서를 떼어 주었죠. 그러다 보니 고종 때는 남편의 전처와 후처가 동시에 열녀문을 받는 웃지 못할 일들도 있었습니다.

판사   그럼 조선 후기에 열녀가 증가했다는 증거가 있습니까?

오자유 변호사   네, 있습니다. 조선 시대에 만든 책 가운데 효자나 열녀에 대해 처음으로 기록해 놓은 책이 『동국여지승람』입니다. 『동국여지승람』은 본 법정의 피고이기도 한 성종 시대에 만들어진 지리서입니다. 당연히 조선 시대 유교 윤리가 반영된 책이지요. 이 책은 유교 윤리가 한층 강화되었던 중종 대에 와서 『신증동국여지승람』이라는 이름으로 다시 출판되었습니다. 이 책들을 분석해 보면 효자와 열녀가 차지하는 비중이 조선 중기 이후로 가면서 세 배 이상 증가한 것을 알 수 있습니다. 효자와 열녀의 비중이 늘어난 것은 유교

적 가치관이 온 백성에게 확산된 결과라 할 것입니다.

판사   객관적으로 수치가 많이 증가한 건 사실이군요. 뭔가 의식
이 변했기 때문인 것 같은데요?

오자유 변호사   맞습니다. 조선 전기만 해도 효자들이 병든 부모를
위해 손가락을 잘라 약으로 썼다는 이야기는 흔치 않았습니다. 그런
것은 배우지 못한 사람들의 행동이고 미신일 뿐이라고 생각한 것이

지요. 그러나 손가락을 잘라 약으로 쓴 것이 효험이 있다는 이야기가 『삼강행실도』에 실리면서 이를 본받으려는 사람들이 하나둘 나타나기 시작했습니다.

그 결과 부모를 위해 3년상을 치르는 것은 너무나 당연한 일이 되었고, 손가락을 자른다든가 허벅지 살을 도려낸다든가 하는 극단적인 이야기만 칭송받게 되었습니다. 심지어 아내가 병든 남편을 위해 자신의 신체를 자해하는 행위는 열녀 축에도 들지 못할 정도가 되었고, 남편이 죽으면 자살을 선택하는 게 당연하게 여겨졌습니다. 고려 시대에는 생각도 못했던 일이지요. 저는 이 법정에 계시는 여러분께 말씀드리고 싶습니다. 조선 시대의 열녀는 남성 위주의 사회가 낳은 병폐라는 것을요. 이상입니다, 판사님.

조선 시대를 지배한 종법은 어떤 것일까?

3

판사　지금까지 양측 변호인이 열녀문에 대해 서로 다른 의견을 제시하였습니다. 이에 대하여 좀 더 객관적인 판단을 하고자 조선 시대를 지배했던 유교적인 법 윤리에 대해서 알아보는 것이 좋겠습니다. 이 내용은 원고 측 변호인이 준비해 온 것으로 아는데, 맞습니까?

오자유 변호사　네. 바로 시작하도록 하겠습니다. 먼저 조선 시대의 종법 질서에 대해서 말씀드리지요. 종법은 일종의 가족 간의 질서로서 조선 시대의 가문을 형성하는 원리를 말합니다. 쉽게 말하면 적장자, 즉 장남이 집안 가계를 계승하는 일종의 장자 상속법이라고 할 수 있습니다.

이대로 변호사　하지만 장남 중심의 종법은 조선 시대 이전인 삼국 시대부터 있었다고 알고 있는데요?

오자유 변호사   삼국 시대부터 고려 시대까지는 불교가 중심이 된 사회였기 때문에 왕실과 일부 귀족을 제외하고는 종법이 제대로 지켜지지 않았습니다. 그러다가 성리학이 전파되면서 조선 시대에 널리 확산된 것입니다.

판사   종법은 구체적으로 어떤 내용이었습니까?

오자유 변호사   ▶종법은 장자 위주의 가계 계승과 제사 지내기를 특징으로 하며 적자와 서자, 남자와 여자, 장자와 차자의 차별을 조장하는 제도였습니다. 그래서 종법이 일반화될수록 장자를 중시하는 분위기가 확산되었고, 장자가 아닌 아들이나 딸의 권리는 축소되었지요. 다른 시대에 비해서 조선 시대의 종법은 강한 가부장적인 경향을 띠어 여성의 지위를 위축시키는 한편, 가족 내에서도 여성의 위상을 떨어뜨렸지요. 개인보다 가문을 더 중요하게 생각했던 것도 바로 이 종법의 영향이라고 할 수 있습니다.

이대로 변호사   원고 측 변호인은 사실을 왜곡하지 마세요. 내가 알기로는 조선 시대가 아니라 이미 청동기 시대부터 남성 중심의 사회였습니다. 청동 무기가 만들어지면서 정복 전쟁이 벌어졌지요. 이 정복 전쟁을 이끈 주체가 바로 남성이었고요. 역사의 주인공으로 남성이 짠 하고 등장한 것이 바로 청동기 시대였던 것입니다. 우리나라 역사로 치면 최초의 국가인 고조선이 이에 해당하는데, 이때도 우리나라 여자들은 정숙하다고 칭찬이 자자했지요. 여

교과서에는

▶ 조선 시대에 성리학이 발달하면서 제사는 반드시 큰아들이 지내야 한다는 의식이 확산되었고, 재산 상속에서도 큰아들이 우대받게 되었습니다. 딸과 큰아들 외의 아들은 제사나 재산 상속에서 점차 그 권리를 잃어 가기 시작했지요.

자들의 지조 있는 성품은 조선 시대에만 한정된 이야기가 아닙니다. 타고난 것이지요.

오자유 변호사 말도 안 됩니다. 그럼 우리나라는 원래부터 남성 중심의 사회였으니 계속 그렇게 유지되어야 한다는 뜻입니까? 게다가 여성의 타고난 성품을 운운하는 것은 사회적으로 규정된 역할을 여성에게 강요하는 것 아닙니까?

오자유 변호사가 눈을 부릅뜨고 따져 묻자 이대로 변호사는 시선을 피하며 말을 얼버무렸다. 이를 본 판사가 오자유 변호사에게 발언권을 주자 그녀의 카랑카랑한 목소리가 법정을 울렸다.

오자유 변호사 제가 종법에 대하여 먼저 이야기를 꺼낸 것은 조선 시대에 와서 달라진 결혼 풍속이 종법과 연관이 있기 때문입니다. 앞에서도 이야기했듯이 조선 시대에 여자들은 친정을 떠나 멀리 있는 시댁에 들어가서 살아야 했습니다. 친정과의 거리가 멀어질수록 친정 부모의 역할이 줄어들게 되었고, 장인과 장모를 대하는 사위의 태도는 더욱 당당해졌습니다.

판사 조선 시대에는 유독 '효'가 강조되었는데, 장인과 장모를 대하는 태도가 당당해졌다는 것은 무슨 의미입니까?

오자유 변호사 조선 시대에는 결혼한 여성은 출가외인이라 하여 부모가 계시는 친정집에 마음대로 방문할 수 있는 처지가 아니었습니다. 또한 사위가 장인이나 장모에게 효도하기를 바라는 것은 있을

신궁
신라에서 맨 처음 조상인 시조를 모시기 위해서 제사를 드리던 사당을 말합니다.

수도 없는 일이었지요. 이를 증명하는 것이 바로 『소학』이라는 책입니다. 도덕 규범과 기본 도리를 가르치는 이 책에는 시부모를 봉양하는 며느리의 효도는 기록되어 있지만, 시집간 딸이 친정 부모에게 해야 하는 효도에 대해서는 한마디도 언급되어 있지 않습니다. 다만 며느리가 자기 친정 자매나 남매에게 무엇을 주려면 반드시 시부모의 허락을 받아야 한다는 기록은 있지요. 결국 혼인한 딸의 효도는 인정하지 않은 것입니다.

이대로 변호사　판사님, 원고 측 변호인이 종법을 마치 악법 중의 악법인 양 묘사하고 있는데, 종법은 매우 문명화되고 앞선 가족 질서 법이었습니다. 신라 왕실의 경우에도 종법적인 가계 계승을 하였는데, 이는 조선 시대의 종법적인 가계 계승 의식과 매우 유사합니다. 하나의 예로, 신라 소지왕 때 건립된 신궁은 김씨 왕가의 시조 묘로서 이른바 내물왕계의 혈연 계승 의식을 잘 나타내 주고 있습니다. 이처럼 왕실이나 귀족들이 종법적인 가계 질서를 유지한 것은 그 당시로는 매우 윤리적이고 앞선 문화였기 때문입니다.

오자유 변호사　저는 그렇게 생각하지 않습니다. 조선 시대 종법은 비단 혈연 계승 의식만을 의미하는 것이 아니었어요. 일종의 구별 의식이라고 할 수 있지요. 본부인의 자식과 첩의 자식을 차별하는 적서 차별이 있었던 것도 조선 시대뿐이었습니다. 왕위를 계승할 때도 고려 시대까지는 형제 상속이 있었는데, 조선 시대에는 종법의 영향으로 장자 상속을 더 우선시하였음을 알 수 있지요.

판사　그 이야기는 이번 재판의 주제를 조금 벗어난 것 같은데요.

종법이 여성을 어떻게 억압했다는 것인지를 중심으로 설명해 주시지요.

오자유 변호사　다 관련이 있는 내용입니다. 종법적인 가계 질서는 여성들의 제사 상속권마저도 박탈했습니다. 고려 시대까지 제사는 주로 여자가 지냈는데 조선 시대에 이르면서 남자만 제사를 지낼 수 있게 되었어요. 여자가 반드시 아들을 낳아야 하는 의무를 갖게 된 것도 바로 이 때문입니다. 가문의 대를 잇고 제사를 지낼 수 있는 것이 아들이었으니까요. 칠거지악 중의 하나가 '아들을 낳지 못하는 여자'였다는 사실은 이미 앞에서도 말씀드린 바 있습니다.

이대로 변호사　아니, 아들을 싫어하던 때도 있었나요? 조선 시대에만 아들 아들 했던 것은 아닌 것 같은데요? 지상 세계, 대한민국에도 이러한 '남아 선호 사상'이 널리 퍼져서 남녀 비율에 큰 차이가 있을 정도라는 이야기를 들은 적이 있는데요, 이러한 현상은 어떻게 설명하실 겁니까?

　이대로 변호사는 날카로운 질문을 했다고 생각하며 뿌듯한 마음으로 자리에 앉았다. 오자유 변호사는 어이가 없다는 표정으로 이대로 변호사의 얼굴을 보며 말했다.

오자유 변호사　그건 조선 시대부터 시작된 불합리한 생각이 계속 전해진 결과 아닙니까? 지상 세계에서도 '남아 선호 사상'에 대한 비판은 계속되어 왔고요. 중요한 것은 이러한 사상이 종법으로부터 시작되었다는 것이에요. 종통과 명분 의식이 유난히 강조된 조선 사회에서 아들은 조상의 대를 잇는 그야말로 희망의 존재였어요. 왜냐하면 부모의 입장에서 볼 때 출가외인이 되는 딸보다는 노후를 책임져 주고 제사를 지낼 수 있는 아들이 더욱 필요했기 때문이에요. 그래서 아들이 없는 집은 대가 끊어졌다고 생각하여 죽어서도 조상을 볼 면목이 없다며 슬퍼하였답니다.

판사　그러면 아들을 못 낳을 경우에는 어떻게 하였습니까?

오자유 변호사　▶아들이 없을 경우 일반적으로 양자를 들였습니다. 가계 계승을 위해 양자를 들이는 것은 조선 시대에만 볼 수 있는 풍속이었어요. 아들이 없는 집안에서 양자를 들일 때는 형제간이나 가까운 친척 중에서 아들을 데려와 길렀지요.

이대로 변호사　원고 측에서는 지금 조선 시대 종법에 대해 설교 아닌 설교를 하고 있는데, 한 가지 반론을 제기하겠습니다. 조선의 역사를 통틀어 27명의 왕 중에서 정통성에 아무런 문제가 없었던 왕은 고작 10명밖에 안 된다는 사실은 알고 계신가요?

판사　조선 시대의 왕들이 그렇게 정통성에 문제가 있었다는 말입니까?

이대로 변호사　그렇습니다. 문종, 단종, 연산군, 인종, 현종, 숙종, 정조, 순조, 헌종, 순종만이 큰 시비 없이 왕실의 법도대로 왕위를 계승했습니다. 이에 비해 종법에 맞지 않는 왕이 과반수가 넘는 16명에 달하고 있어요. 이들 가운데 형제 상속의 경우가 세 명이고, 맏아들인 장자를 제치

　왜 조선 시대 여성은 재혼을 하지 못했을까?

고 차자가 계승한 경우가 세 명, 반정이나 왕위 찬탈이 세 명, 후궁의 아들로서 세자에 책봉되어 왕이 된 경우가 두 명입니다. 그러므로 조선 시대를 맏아들의 혈통인 종통만으로 설명할 수는 없다는 것이지요.

오자유 변호사   왕위를 잇는 경우는 권력이 개입된 하나의 역사이므로 이 소송에서 다룰 만한 것은 아니라고 생각합니다. 설령 인정한다고 하더라도, 왕실에서는 그렇게 종법을 무시하는 계승을 하고

반정
옳지 못한 왕을 폐위하고 새 왕을 세워 나라를 바로잡는 것을 말합니다.

서도 일반 백성과 여자들에게 그것을 강요한 것은 이치에 맞지 않다고 봅니다. 결국 조선 시대 종법이라는 것도 권력을 가지지 못한 자에게는 피해 갈 수 없는 억압의 수단이었던 것이지요.

이대로 변호사　답답한 소리 하지 마세요. 인류 역사가 남성이 중심이 되어 진행되어 왔는데 이제 와서 종법 때문이니 유교 윤리가 어쨌느니 하는 것이 맞다고 생각하십니까? 프랑스의 계몽주의 사상가 장 자크 루소는 "여자는 남자를 기쁘게 하고 남자에 종속되기 위해 태어났다"고 말했습니다. 흠흠.

"아니, 뭐가 어째? 여자가 남자를 기쁘게 하기 위해 태어났다고?"

"그러게. 지금이 어떤 세상인데 저런 무식한 말을 하는 거야?"

"여태 참고 있었는데, 정말 우리 여자들이 따끔하게 혼을 내 줘야 정신을 차릴 건가 봐!"

이대로 변호사의 발언에 법정 안은 그 어느 때보다도 소란스러워졌다. 대다수의 여성들이 화가 난 표정으로 금방이라도 이대로 변호사에게 달려들 기세이자, 이에 놀란 이대로 변호사는 얼른 자리에 앉았다. 판사가 방청객들을 진정시키자 오자유 변호사가 일어났다.

오자유 변호사　판사님, 이번 재판을 마치기 전에 지금까지 이야기했던 내용을 뒷받침해 줄 또 다른 열녀를 증인으로 신청합니다.

판사　허락합니다. 증인은 나와서 선서해 주세요.

향랑　나는 이 법정에서 진실만을 이야기할 것을 맹세합니다.

판사   원고 측 변호인, 증인을 소개하고 신문을 시작하세요.

오자유 변호사   증인 향랑은 조선 후기에 나라에서 공식적으로 인정한 열녀로 유명합니다. 그래서 수많은 양반 사대부들이 증인을 위한 열녀전을 썼고, 수십 편의 시를 지어 증인을 칭송했지요. 그럼 증인에게 묻겠습니다. 증인이 다른 열녀들보다 열렬하게 사랑받은 이유가 무엇입니까?

향랑   아무래도 내가 양반 여성이 아니라 배운 것 없는 미천한 농부의 딸이라서 그런 것 같습니다. 배우지 못한 여성이 재혼을 거부하고 자결했다고 하여 높이 평가해 준 것이지요.

오자유 변호사   그렇다면 증인은 절개를 지키기 위해서 자결을 선택한 것이 맞습니까?

향랑   아니에요. 많은 사람들이 나를 칭송해 주었기 때문에 이제 와서 이런 이야기를 하는 것이 민망하지만 이제는 진실을 말할 수 있을 것 같습니다. 역사공화국으로 이주해 온 뒤로 이 부분이 내내 마음에 걸렸지요. 사실 나는 절개를 지키기 위해 자결한 것이 아닙니다.

향랑의 말이 끝나자마자 방청객들이 저마다 한마디씩 수군거리기 시작했다.

"그건 또 무슨 말이야?"

"흥! 난 그럴 줄 알았어. 그럼 그렇지!"

방청석을 한 번 돌아본 향랑이 다시 입을 열자 법정 안은 순식간에 조용해졌다.

향랑   당시 작은아버지와 시아버지는 나를 심하게 구박했고 심지어 강제로 재혼까지 시키려 했습니다. 남편의 학대를 받았던 나는 이 세상에 의탁할 곳이 전혀 없었지요. 친정도 시댁도 나를 내쫓기만 하고 받아 주지 않았습니다. 하지만 그렇다고 재혼을 결심할 수는 없었어요. 재혼녀에 대한 주위의 따가운 시선과 경멸의 눈초리를 도저히 견딜 수가 없었기 때문이지요. 내가 재혼했다면 아마도 마을 사람들 사이에서 인간 대접도 못 받았을 거예요.

오자유 변호사   그랬군요. 남편의 폭력과 시댁의 구박을 홀로 견뎌야 했다니, 당시 여자들이 어떻게 살았는지 충분히 짐작할 수 있을 것 같습니다. 물론 모든 여자들의 결혼 생활이 그렇지는 않았겠지만, 그런 어려움을 겪은 여자들은 얼마나 힘들었겠습니까?

향랑   여자의 몸으로 견디기 힘든 나날을 보내며 그 마음을 담아 죽기 전에 시 한 편을 남기기도 했지요.

오자유 변호사   「산유화」란 시를 말씀하시는 거군요? 여기서 한번 읊어 주시겠습니까?

오자유 변호사의 부탁에 향랑은 작게 고개를 끄덕였다. 향랑이 천천히 눈을 감고 나지막한 목소리로 시를 읊자 방청객들도 숨을 죽인 채 귀를 기울였다.

향랑   하늘은 어찌 이리도 높고 멀며
        땅은 어찌 이리도 넓고 아득한가.

천지가 비록 크다고들 하지만
이 내 한 몸 의탁할 데 없구나.
차라리 이 연못에 몸을 던져
물고기 밥이나 되어 버릴까나.

오자유 변호사   정말 가슴 아픈 내용이군요. 처절한 상황에 내몰려서 선택한 것이 죽음이었다니, 참으로 안타깝습니다. 증인이 죽은 뒤 시아버지와 남편이 처벌을 받은 것으로 압니다. 사실인가요?

향랑　네. 나의 죽음과 연관이 있다는 죄목으로 결국 처벌을 받았다고 알고 있습니다.

오자유 변호사　증인의 사연은 당시 열녀들이 겪었던 일과는 조금 다른데요, 그럼에도 불구하고 증인이 나라가 인정한 열녀가 된 이유가 무엇입니까?

향랑　그건 아마도 모든 사람들로부터 철저하게 버림받은 하층의 여성이었음에도 불구하고 남달리 절개를 지켰다고 생각해서가 아닐까요? 게다가 내가 죽기 전에 지은 「산유화」가 널리 퍼져 있었던 점도 영향을 끼친 것 같습니다.

오자유 변호사　하지만 그런 이유만으로 증인에게 열녀문이 내려졌다는 것은 조금 납득하기 힘듭니다. 분명 다른 이유가 있을 것 같은데요?

향랑　나의 가슴 아픈 사연이 세상에 널리 알려지게 된 것은 당시 선산 부사였던 조귀상이라는 분에 의해서입니다. 그가 조정에 나의 이야기를 전하고 열녀문을 청했지요. 그가 요청한 지 2년 만에 열녀문이 내려진 것으로 알고 있습니다.

오자유 변호사　당시에 선산 부사는 왜 그렇게까지 노력을 기울였을까요?

향랑　나 같은 미천한 여인이 그런 지조 있는 선택을 한 것에 대해 양반 사대부로서 깊이 반성했기 때문이라고 들었습니다. 물론 선산 지방의 양반들이 나를 열녀로 만들고 싶어 했던 것도 그 이유가 되겠지요. 그래서 실제 내용과는 좀 다르게 미화되거나 각색되기도 하였답니다.

오자유 변호사　법정에 계신 여러분, 증인의 이야기를 잘 들으셨습니까? 증인의 비극적인 죽음을 미화하여 열녀로 만드는 일에는 지방 양반들의 이기적인 생각이 크게 개입하였습니다. 아마도 선산 지방이 열녀가 나올 만큼 교화가 잘되었다는 것을 전국에 선전하고 싶었겠지요. 그럼 마지막으로 증인이 죽음을 통해 세상에 말하고자 했던 것이 무엇이었는지 들어 보도록 하겠습니다.

향랑　나는 죽음으로써 세상에 저항하고 싶었습니다. 세상은 나를 열녀의 화신이라고 치켜세우지만, 나는 세상을 향해 말하고 싶습니다. 내가 열녀가 된 것은 나의 온전한 뜻이 아니라 내가 발 딛고 있는 사회가 그렇게 만든 것이라고 말입니다.

　이야기를 마친 향랑은 감정에 복받쳤는지 울음을 터뜨렸다. 하지만 당당한 자세만은 잃지 않았다. 법정 안은 숙연한 분위기에 휩싸였고 깊은 생각에 잠긴 사람들도 눈에 띄었다. 오랜 침묵을 깨고 오자유 변호사가 비장한 표정으로 마무리 발언을 했다.

오자유 변호사　증인의 증언에서 보듯이 17세기 이후 조선은 뿌리 깊은 남성 중심의 사회였습니다. 한번 얻은 권력을 빼앗기기 싫어했던 남성들은 열녀를 널리 권장하여 자신들의 이익을 지키고자 하였지요. 계모는 무조건 나쁘다는 인식, 이혼이나 재혼에 대한 곱지 않은 시선, 남편이 아내를 때리는 폭력 등 오늘날의 잘못된 인식들도 모두 남성 중심 사회였던 조선 후기에 시작되었다는 점을 밝히는 바입니다. 존경하는 판사님, 부디 이 사실들을 헤아려 주시기 바랍니다.

판사　벌써 시간이 많이 흘렀군요. 지금까지 양측이 제기한 변론은 최종 판결에 충분히 반영될 것입니다. 잠시 휴정한 뒤에 원고와 피고의 최후 진술을 듣는 것으로 오늘 재판을 마무리하겠습니다.

　왜 조선 시대 여성은 재혼을 하지 못했을까?

조선 시대의 종법

조선에 의리와 명분을 중요시하고 정통을 강조하는 이른바 성리학이 도입되면서 가족 제도에도 종법 제도가 도입되었습니다. 종법 제도는 부계적인 특성을 강조하는 가족법으로 적장자를 제일 우선으로 하는 법입니다.

이전에는 형제 상속이라 하여 장남이 없으면 차남이 승계하기도 하였고, 아들이 없으면 딸이 가계를 계승했지요. 그러나 종법 제도가 도입되고 나서는 장자의 직계 자손이 가계 계승을 하고, 딸은 가계 계승을 할 수 없게 되었습니다.

재산 상속에서도 여자를 철저히 배제시켰어요. 부계의 원칙, 직계의 원칙, 장남의 원칙에 의한 강력한 가부장적 가족 제도가 탄생한 것이지요. 집이나 가문이 개인에 우선하며, 가장이 강력한 권위를 가지게 되었고, 모든 가족 구성원은 그 권위에 예속되어 있었습니다. 가계 계승에 참여할 수 있는 남자가 여자보다 중요한 존재로 인식되었고, 부부 관계보다는 친자 관계가 중시되었습니다. 이로 인해 여자들은 사회에서 점점 불합리한 대우를 받는 상황에 처하게 되었다고 볼 수 있지요.

다알지 기자

　　방금 함양 박씨와 성종의 재판이 모두 끝났다
는 소식이 들어왔습니다. 오늘 재판에서는 박지원
이 『열녀함양박씨전』을 쓴 이유와 열녀문에 대해 치열
한 공방전이 벌어졌습니다. 특히 남성이 여성을 억압하게 된 진짜 이
유가 무엇인지를 두고 논쟁이 벌어졌는데요. 오늘 재판에 증인으로 나
오신 박지원 선생과 먼저 이야기를 나눠 보겠습니다. 이번 재판의 증
인으로 서신 기분이 어떠셨습니까?

박지원

　나는 처음에 열녀에 대해 매우 고귀하고
존경스럽게 생각했습니다. 그러나 시간이 갈
수록 죽은 남편을 따라 자신의 목숨을 끊는 것이
너무 안타깝다는 생각을 하기 시작했어요. 사실 알고 보면 남성 중심
사회에서 그 질서에 순응하는 여성을 그린 것이 곧 열녀전 아니겠습니
까? 이번 재판에서 그것을 비판하고자 쓴 『열녀함양박씨전』에 대해서
이야기할 수 있어서 속이 후련합니다. 나도 남자이지만 불합리한 제도
에 대해서는 이야기해야 한다고 생각하기 때문이지요. 여성들이 억압
당한 시대를 살았던 한 사람으로서, 억울하게 목숨을 끊은 수많은 여
성들을 잊지 말아 주시기를 간곡히 부탁드립니다. 이번 재판에서 부디
현명한 판결이 내려지기를 바랍니다.

화순 옹주

나는 이번 재판을 통해서 죽은 남편을 향한 나의 지고지순한 사랑을 충분히 보여 주었다고 생각합니다. 내가 스스로 목숨을 끊은 것은 열녀가 되어 사람들에게 칭송받고자 한 것이 아니기 때문입니다. 왕실의 옹주로서 이미 많은 것을 누리고 살았던 내가 군이 그런 힘든 선택을 할 이유가 없지 않습니까? 그리고 조선 여성들이 억압당하며 살았다는 이야기에 대해서는, 내가 평범한 여성들의 삶을 있는 그대로 공감할 수 없는 신분이었기 때문에 정확한 증언을 할 수는 없었습니다. 나는 그저 혼인한 여자라면 아녀자의 도리를 지키며 정숙하게 살아가는 것이 당연하다고 여겼을 뿐입니다. 같은 여자로서 함양 박씨의 사연이 안타깝기는 하지만 나라의 질서를 바로 세우기 위해 노력했던 왕실의 입장도 헤아려 주었으면 합니다.

왜 조선 시대 여성은 재혼을 하지 못했을까?

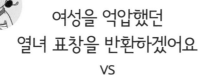

여성을 억압했던
열녀 표창을 반환하겠어요
VS

유교 윤리로 나라를
다스린 것이 나의 업적이오!

판사 이제 마지막으로 이번 재판의 당사자인 함양 박씨와 성종의 이야기를 들어 볼까요? 앞으로 작성할 판결문에 영향을 미치는 발언이니 원고와 피고는 신중하게 발언해 주시기 바랍니다. 원고 측의 요청에 따라 먼저 함양 박씨의 최후 진술부터 듣겠습니다.

함양 박씨 나는 조선 시대의 여성으로 태어나서 너무 많은 희생을 치렀습니다. 사회가 요구하는 여자로서의 도리를 다하기 위해 스스로 목숨까지 버린 사연은 여기 계신 여러분 모두가 잘 알고 계실 것입니다. 이는 모두 유교라는 문화를 내세워 자신들의 권력을 유지하고자 했던 남자들의 이기심 때문에 벌어진 일입니다. 내가 감히 조선의 왕을 상대로 소송을 벌인 것도 바로 그 때문이지요. 성종 임금은 역사에서 위대한 업적을 남겼다고 평가받지만, 나와 같은 여성들은 그가 확립한 유교의 법 때문에 얼마나 큰 피해를 보았는지 모른답니다. 성종 임금과 같이 조선 시대를 이끌었던 많은 남성들은 유교 사상을 고도의 앞선 문명이라고 내세우지만, 한편으로는 많은 여성들을 죽음으로 내몰 만큼 잔혹했습니다. 피고 측에서는 절개를 지키기로 결심한 것이 본인의 선택이라고 말하지만, 죽음을 선택하지 않은 여성들도 목숨만 유지했을 뿐 사는 동안 고통 속에서 몸부림쳐야 했습니다. 결국 나같이 힘없는 여성에게는 그 어떤 선택의 여지도 없었다고 봐야겠지요.

그렇다고 남편이 죽은 경우에만 여성들이 고통 받았던 것은 아닙니다. 기본적인 결혼 생활 자체도 불합리해, 여성들은 정당하지 못한 제도 속에 갇혀 지내는 것이나 다름없었기 때문입니다. 조선 시대를 대표하는 여성 시인 허난설헌이 뛰어난 재능을 가졌음에도 그 재능을 무시당한 결혼 생활로 불행한 삶을 살았던 것을 보면 알 수 있습니다.

나는 이번 재판을 통해서 열녀의 지위를 내놓고 과거의 어두운 기억에서 벗어나고 싶습니다. 많은 사람들이 지금에 와서 열녀의 지위를 내놓는 것이 무슨 의미가 있는지 의문을 가지겠지만, 이제라도 열녀라는 멍에에서 벗어나 이 역사공화국에서 새로운 인생을 설계하고 싶습니다. 배심원 여러분과 판사님의 현명한 판단을 기대합니다.

판사　이제 피고 성종의 최후 진술을 듣겠습니다.

성종　먼저 조선 시대 왕이었던 나 성종이 소송의 피고가 되어 이

자리까지 나오게 된 점 매우 유감으로 생각하오. 이름도 알 수 없는 원고 함양 박씨와 달리 나는 조선의 왕으로서 매우 존경받는 인물이었소. 이 자리에서 분명하게 말하지만, 나는 조선이라는 나라를 다스리면서 한 점 부끄러운 일을 하지 않았소.

내가 나라를 다스리던 시기를 역사가들은 '『경국대전』 체제기'라고 부르오. 다시 말해서 조선의 통치 이념과 국가 체제가 완성된 시기였다는 말이오. 조선 최고의 업적을 남겼다는 세종 대왕과 비교해 보아도 나의 업적이 크게 뒤지지 않는다고 자부하오. 학문을 좋아하고 유교를 숭상한 왕이 바로 나, 성종이오. 나는 조선에 유교적인 질서가 바로 세워질 수 있도록 부단히 노력했소.

내가 여자들의 재혼을 금지한 것은 여자들에게 정절이 중요하다는 사실을 알고 실천하도록 하기 위해서였다오. 고려 시대 여성들은 재혼을 마음대로 했지만 이는 있을 수 없는 일이오. 내가 나라를 다스린 이후로 정절과 의리를 지키지 않는 여성들이 점차 사라졌소. 급기야 자발적인 열녀들까지 나왔으니 어찌 아름답다 하지 않겠소? 이것이 유교에서 말하는 교화라는 것이오. 교육을 하지 않으면 인간은 윤리와 도덕을 제대로 알고 실천할 수 없소.

나는 지금 이 법정에 선 것만으로도 생전에는 상상도 하지 못했을 굴욕감을 맛보고 있소. 여러분, 부디 현명한 판단을 하셔서 잠시나마 땅에 떨어졌던 나의 명예를 되찾아 주기 바라오.

판사   지금까지 원고 함양 박씨와 피고 성종의 최후 진술을 직접 들어 보았습니다. 배심원단의 의견이 전달되면 그로부터 4주 후에 판결문을 공개하도록 하겠습니다. 긴 시간 동안 본 재판에 참여하신 많은 분들 모두 수고하셨습니다. 이상으로 재판을 모두 마치도록 하겠습니다.

땅, 땅, 땅!

역사공화국 한국사법정 재판 번호 27 함양 박씨 vs 성종

주문

본 법정은 원고 함양 박씨가 피고 성종에 대하여 제기한 열녀 표창 반환 청구를 받아들여 원고에게 내려진 열녀 칭호를 취소한다. 또한 피고 성종이 『경국대전』에 기재한 여성들의 '재혼 금지 조항'이 유교적 가치가 중시되던 조선 시대에는 인정되었다 하더라도 오늘날의 관점에서는 여성에게 불합리할 수 있다는 점을 인정하는 바다.

판결 이유

원고 함양 박씨는 어린 나이에 시집가서 일찍 남편을 잃고 3년상을 치른 뒤 스스로 목숨을 끊어 조선 사회가 요구한 아내로서의 도리를 다했다는 이유로 열녀가 되었다. 하지만 원고는 유교 윤리에 의한 법이 여성들로 하여금 열녀로 살아갈 수밖에 없도록 만들었으며, 열녀 표창을 받은 것이 결코 명예로운 일이 아님을 주장했다. 본 재판부는 원고 측이 제시한 설득력 있는 근거에 따라 그 주장에 타당성이 있다고 판단한다. 따라서 그동안 원고에게 열녀라는 칭호가 멍에와 같았음을 인정하고, 본 소송에서 요구한 대로 열녀 칭호를 취소하기로 한다. 이제 원고는 열녀의 신분에서 벗어나서 역사공화국에서 자유로운 삶

을 살아가길 바라는 바다.

그리고 피고 성종은 조선을 유교 사회로 만들고자 한 왕으로서 많은 업적을 남긴 것은 분명하나, 그가 만든 재혼 금지법이 조선 시대 여성들을 억압했던 점도 사실로 인정된다. 따라서 『경국대전』에 기재되어 있는 '재혼한 여자의 자손과 첩의 자손은 과거 시험에 응시할 수 없다'는 조항은 삭제할 것을 권고한다. 아울러 피고 성종은 본인이 만든 재혼 금지법으로 수많은 여성들이 고통에 시달렸다는 사실을 인정하고 반성의 시간을 가지며, 자신으로 인해 피해를 입은 사람들을 위해 봉사할 것을 명한다.

역사공화국 한국사법정 담당 판사 공정한

"남녀 평등이 실현되는
그날을 위하여!"

여기는 오자유 변호사의 사무실.

오자유 변호사는 사무실에 들어오자마자 소파에 털썩 주저앉았다.

"여태까지 많은 소송을 해 봤지만 이번 재판처럼 힘들었던 적은 처음이야."

마침 사무실에서 커피를 마시고 있던 나공주 비서가 깜짝 놀란 듯 자리에서 벌떡 일어났다.

"이대로, 그 단순 무식하고 앞뒤 꽉 막힌 남성 우월주의자! 지난번에도 그 잘난 우월 의식을 대놓고 드러내더니 이번엔 아주 앞뒤 안 맞는 소리까지 하고. 휴."

오자유 변호사는 나공주 비서가 대답할 시간도 주지 않고 쉴 새 없이 이번 재판에 대한 답답한 심정을 토로했다.

"조선 시대 왕들의 뜻이 꼭 나쁘다는 것은 아니지만, 결과적으로 많은 여성들이 고통 속에 살아야 했다는 것만은 인정해야 하지 않을까? 게다가 목숨까지 끊어 버린 열녀들도 많았는데 말이야. 내가 짐작은 했지만, 조선 시대 남자와 여자는 참 다른 삶을 살았던 것 같아. 물론 남자들도 과거 시험이다 당쟁이다 하며 치열하게 산 것은 인정해. 그러나 인생이란 게 뭐겠어? 행복하게 살아야 그게 사람 사는 거지. 옛날 사람들은 소수만 행복했던 것 같아. 소수의 행복을 위해 다수가 희생하는 그런 사회였지. 게다가 여성들은 기본적인 인권도 존중받지 못했던 것을 생각하면 정말, 어휴!"

오자유 변호사가 말을 마치자마자 누군가 사무실 문을 두드리는 소리가 났다.

'똑똑똑.'

"누구세요? 문 열려 있으니 들어오세요."

체격이 건장한 중년 여인이 문을 열고 들어오자 나공주 비서는 흠칫 놀라는 표정이었다.

"무슨 일로 오셨습니까?"

"나는 '여우회'라는 단체를 맡고 있는 회장 정형숙이라고 합니다. 내가 맡고 있는 여우회는 1898년에 만든 대한민국 최초의 여성 단체이지요. 남성들이 부인 외에 첩을 두는 것을 반대하기 위해서 만든 것입니다."

"그렇군요. 그런데 무슨 일로 저를 찾아오셨나요?"

"나와 여우회 회원들은 고종 황제가 사는 궁궐 앞에서 "한 지아비

가 두 아내를 거느린 것은 인륜을 거스르는 일이다"라는 글이 쓰인
피켓을 들고 시위를 벌였지요. '상감께서는 먼저 후궁을 물리치시고,
공경대부로부터 미관말직과 일반 서민에 이르기까지 이미 지나간
일은 묻지 않더라도 앞으로는 절대 첩을 두지 말라는 칙령을 내려
주옵소서'라고 말입니다.

나는 그 이후로 매일, 아침부터 저녁까지 회원들을 이끌고 궐문
앞에서 일주일 이상 왕의 어명을 기다렸습니다. 하지만 왕으로부터

왜 조선 시대 여성은 재혼을 하지 못했을까?

아무런 대답도 들을 수 없었어요. 세상이 바뀌었다는 사실을 왕을 비롯한 많은 남성들이 인정하지 않더군요. 그러던 중 여기 역사공화국에 와서 함양 박씨의 소송 사건에 대해서 듣게 되었어요. 그래서 재판이 열리는 법정으로 바로 찾아갔지요."

"그럼 이번 재판을 지켜보신 겁니까?"

"네. 변호사님의 열정적인 변호를 보고 이렇게 찾아오게 된 거예요. 남자들은 당연하게 첩을 두고 살았으면서 왜 여자들에게만 정조를 강요했는지, 제대로 한번 따져 묻고 싶어서요!"

"흠. 조선 시대 여자들은 결혼 생활 자체가 고통이었겠군요. 여성의 권리가 무참히 짓밟혔던 과거의 역사를 바로잡아 봅시다! 남녀 평등이 실현되는 그날까지 힘을 내자고요. 그런 의미에서 이 사건은 제가 맡기로 하지요. 하하."

함양 박씨의 정려비가 있는
역사인물공원

경상남도 함양에 있는 상림은 함양의 서쪽을 흐르는 위천강 둑을 따라 길게 늘어서 있는 인공 숲입니다. 신라 진성 여왕 때 최치원이 이곳 태수로 있으며 조성했다고 전해지지요. 예전에는 '대관림'이라고 불렸으나 이 숲의 가운데 부분이 홍수로 무너짐에 따라 상림과 하림으로 나뉘게 되었고, 지금은 상림만이 옛 모습을 유지하고 있습니다.

이곳 상림에는 '역사인물공원'이 있어 고운 최치원과 김종직, 유호인, 박지원 등의 뜻을 기리고 있습니다. 그래서 최치원 상을 중심으로 두 줄로 늘어선 인물들의 동상을 볼 수 있지요. 이 중에『양반전』,『열하일기』로 잘 알려진 연암 박지원의 동상도 찾아볼 수 있습니다. 박지원은 당시 허위의식에 빠진 세태를 비판한 인물이자, 중국의 선진 문물을 배우고 실천하려던 북학의 선두 주자이기도 하지요. 뿐만 아니라 역사인물공원에는 함양에서 사또를 지낸 이들의 덕을 칭송하는 비석 등도 늘어서 있지요.

그리고 아름답게 조성된 이곳에는 박지원의 한문 소설 중 하나인『열녀함양박씨전』의 실제 인물인 박씨의 정려비(충신이나 효자, 열녀 등을 기리고자 그들이 살았던 고을에 세운 비)가 있어서 눈길을 끕니다. 이 비는 아전 임술증의 아내 밀양 박씨의 얼을 기려 세운 것으로 경상남도 문화재 자료 제240호로 지정되어 있습니다. 정조 21년인 1797년에 세워졌다고 적혀 있지요. 우리나라는 예로부터 권력을 상징하거나 기념의 목적을 띠는 열녀문, 효자문 등을 왕명에 따라 건설하기도 하였답니다.

찾아가기 경상남도 함양군 함양읍 운림리 349-1

밀양 박씨 정려비

박지원을 비롯한 인물들의 동상

『역사공화국 한국사법정 27 왜 조선 시대 여성은 재혼을 하지 못했
을까?』와 관련한 논술 문제를 풀어 봅시다.

※ 다음 제시문을 읽고 물음에 답하시오.

혼인 날을 몇 달 남겨 놓고 '신랑의 병이 골수에 들어 남편 구실
을 할 가망이 없다'는 말이 있었다. 그러나 여자는 입을 다물고 타
이름에 응하지 않았다. 그래서 초례를 치르고 시집을 가서 반년도
못 되어 신랑이 세상을 떴다.

얼마 후 함양 군수 윤광석이 밤에 기이한 꿈을 꾸고 느낀 바 있
어 열부전을 지었고, 산청 현감 이면제도 전을 지었으며, 거창 신돈
항은 글 하는 선비라 박씨를 위해 그 절의를 서술한 바가 있었다.

슬프다. 그가 처음 상복을 입고도 자결하지 않았던 것은 장례
지낼 일이 앞에 있었던 까닭이요, 장례를 지내고 나서 죽지 않았
던 것은 소상이 앞에 있었던 까닭이요, 소상을 지내고 자결하지
않았던 것은 대상이 앞에 있었던 까닭이었으리라.

1. 이 글은 연암 박지원의 『열녀함양박씨전』의 내용 중 일부입니다.
   이 글에서 박지원은 '열녀 박씨'에 대해 어떻게 생각하고 있는지

(가)~(다) 중에서 골라 기호와 함께 이유를 쓰시오.

(가) 남자가 병이 들었다는 것을 알고도 그를 버리지 않고 혼
례를 치른 것을 보면 열녀 박씨는 참 대견하다.

(나) 남편의 죽음에도 아내의 역할을 다해야 함을 생각해야
했던 열녀 박씨의 처지가 참 불쌍하다.

(다) 남편이 죽었는데도 바로 따라 죽지 않고 이것저것 생각
한 박씨는 참 매정하다.

※ 다음 제시문을 읽고 물음에 답하시오.

(가) 하늘은 어찌 이리도 높고 멀며

   땅은 어찌 이리도 넓고 아득한가.

   천지가 비록 크다고들 하지만

   이 내 한 몸 의탁할 데 없구나.

   차라리 이 연못에 몸을 던져

   물고기 밥이나 되어 버릴까나.

(나) 허난설헌은 『홍길동전』의 저자인 남동생 허균과 함께 이달에
   게서 시와 학문을 배웠습니다. 글재주가 뛰어나 신동이라는 평
   을 들었으나 남동생과는 달리 겉으로 드러나지는 못했지요. 일
   찍 결혼을 했으나 부부 사이가 원만하지 못했고 가정생활도 순
   탄치 못했던 것으로 전해집니다. 이후 아버지에 이어 아들과 딸
   을 연이어 병으로 잃고 동생 허균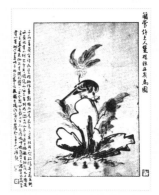
   도 귀양을 떠나는 슬픔을 겪게 됩
   니다. 허난설헌 본인도 오래 생을
   누리지 못하고 눈을 감습니다. 오
   늘날 전하는 허난설헌의 시와 그
   림은 동생 허균이 보관했던 것이
   지요.

허난설헌의 〈묵조도〉

왜 조선 시대 여성은 재혼을 하지 못했을까?

2. (가)는 향랑의 시 「산유화」이고 (나)는 허난설헌의 그림과 그녀에 대
   한 이야기입니다. (가)와 (나)를 읽고 조선 시대 여인의 애환에 대해
   쓰시오.

해답 1 『열녀함양박씨전』에서 박지원은 박씨에 대해 (나)와 같은 생각을 갖고 있었습니다. 남편의 죽음에도 장례를 생각하고 소상과 대상을 걱정하는 내용이 담겨 있습니다. 그래서 박지원은 '슬프다'라는 말로 열녀 박씨에 대한 자신의 마음을 표현하고 있지요.

해답 2 (가)의 시를 쓴 향랑은 숙종 때 열녀로 칭송받던 인물입니다. 남편의 학대로 쫓겨나 재혼할 수 없는 처지에서 죽으며 이 시를 남겼다고 전해집니다. (나)의 그림은 허난설헌이 그린 〈묵조도〉입니다. 허난설헌은 이달에게서 시와 학문을 배워 천재적인 재능을 발휘하였지만, 왕성하게 활동한 동생 허균과 달리 여자라는 이유로 사람들 앞에 나설 수 없었습니다.

향랑과 허난설헌이 살았던 조선 시대에 과부는 절개를 지키기 위해 자결해야만 열녀라는 소리를 들었습니다. 또한 결혼을 하면 순종적으로 남편을 따라야 하는 시대였지요. 그래서 향랑은 남편의 학대에도 아무 말도 할 수 없어 결국 죽음을 택했고, 허난설헌은 뛰어난 재능에도 이를 무시당하고 살아야 했답니다.

* 해답은 예시로 제시된 내용입니다.

왜 조선 시대 여성은 재혼을 하지 못했을까?

역사공화국 한국사법정 27

왜 조선 시대 여성은 재혼을 하지 못했을까?

ⓒ 정성희, 2011

초   판 1쇄 발행 2011년 4월 11일
개정판 1쇄 발행 2014년 6월 27일
       5쇄 발행 2021년 9월 10일

지은이   정성희
그린이   황기홍
펴낸이   정은영

펴낸곳   (주)자음과모음
출판등록   2001년 11월 28일 제2001-000259호
주소   10881 경기도 파주시 회동길 325-20
전화   편집부 (02) 324-2347 경영지원부 (02) 325-6047
팩스   편집부 (02) 324-2348 경영지원부 (02) 2648-1311
이메일   jamoteen@jamobook.com

ISBN 978-89-544-2327-4 (44910)

과학공화국 법정시리즈 (전 50권)

생활 속에서 배우는 기상천외한 수학·과학 교과서!
수학과 과학을 법정에 세워 '원리'를 밝혀낸다!

이 책은 과학공화국에서 일어나는 사건들과 사건을 다루는 법정 공판을 통해 청소년들에게 과학의 재미에 흠뻑 빠져들게 할 수 있는 기회를 제공한다. 우리 생활 속에서 일어날 만한 우스꽝스럽고도 호기심을 자극하는 사건들을 통하여 청소년들이 자연스럽게 과학의 원리를 깨달으면서 동시에 학습에 대한 흥미를 가질 수 있도록 구성하였다.